नल दमयंती

सच्चिदानंद शास्त्री

ISBN 979-8-88909-893-5

अनुक्रमणिका

दो शब्द

माँ भारती के परम प्रिय सुपुत्र इस काव्य के रचयिता श्री सच्चिदानन्द जी उन अन्तर्मुखी रचनाकारों में से थे जो स्वयं में ही सृजन कर लीन रहना चाहते थे। किन्तु इनके जीवन की क्रियाएँ काव्य निमित्त ही प्रकट हुईं थीं। इन्होंने द्वन्दों से ऊपर उठकर अपनी अमूल्य कृतियों द्वारा सामुहिक रूप में साहित्य की जो सेवा का भार स्वीकार किया वह अनिर्वचनीय था। शास्त्री जी की कमी साहित्य जगत को सदैव रहेगी।

शास्त्री जी एक संवेदनशील कवि थे। यही कारण है कि इनके काव्य में जीवन के प्रति अत्यधिक संवेदना और सहानुभूति मिलती है। शास्त्री जी ने सक्षम और सशक्त लेखनी द्वारा धूल में छिपे हीरक कणों की भाँति उपेक्षा की परतों में छिपे उन प्रज्ज्वलित चरित्रों का उद्घाटन अपने काव्य के माध्यम से करके साहित्य जगत को कुछ दिखाने का ही यत्न किया है। आज की नवीन धारा में बह रहे रचनाकारों के लिये यह एक पुनर्जीवित होने वाली विधा ही इस काव्य से मिल सके, ऐसा प्रयास यहाँ कवि का दीखता है।

यों तो शास्त्री जी का सम्पूर्ण काव्य साहित्य ही संवेदनशील है और भावनाओं से ओतप्रोत भी। इन्होंने अपने काव्य में सत्यता का उद्घाटन किया है। इस विरह रचना में उन्होंने नल दमयन्ती के विरहित चित्रों को खूब उभारा है। इन्होंने काव्य में पात्रों के चरित्रों को मुखरित कर प्रस्तुत करने का एक सफल प्रयास किया है। अपने सम्पूर्ण काव्य में विरह भावना का दिग्दर्शन कराया है, भले ही वह किसी भी प्रकार का हो। पर शास्त्री जी के काव्य में कहीं अन्तर्द्वन्द्व छिपा छिपा दृष्टिगोचर होता है।

"कवि परिचय"

शास्त्री जी का जन्म उतरान्चल के मन्दाकिनी की वादी में अवस्थित कौशलपुर ग्राम के कुलीन ब्राह्मण कुल में हुआ था। इनके पिता श्री ब्रह्मानन्द जी अत्यन्त उदार, ईश्वरभक्त, सरलचित्त एवं महाशक्ति के परमोपासक थे। वे महाशक्ति के पूजन अर्चन में अपना अधिक समय व्यतीत करते थे। इनकी माता भी स्नेह एवं वात्सल्य की प्रतिमूर्ति थीं। ममतामयी माता तथा पूज्य पिता के अगाध वात्सल्य का शास्त्री जी के जीवन पर विशेष प्रभाव पड़ा।

"शिक्षा"

शास्त्री जी की शिक्षा आरम्भिक रूप से घर के सन्निकट के विद्यालय में सम्पन्न हुई परन्तु घर की संस्कृति परम्परा ने हिन्दी, संस्कृत, ज्योतिष और कर्मकाण्ड की और इनका रुझान कर दिया। ज्योतिष की शिक्षा किसी विद्यालय या विश्व विद्यालय से न पढ़कर उसे घर के ही विद्यालय से पढ़ा। पुनः संस्कृत की उच्च शिक्षा के लिए पंजाब विश्वविद्यालय को चुनकर शास्त्री उपाधि ग्रहण कर साथ साथ कर्मकाण्ड का भी विशेष अध्ययन अपने ही परमपूज्य गुरु स्वरूप पिता जी से किया। इसके अतिरिक्त अपनी रुचि के अनुसार स्वाध्यायरत रहे तथा विभिन्न विषयों पर चिन्तन करते रहे। वेद, उपनिषद, पुराण आदि ग्रन्थों का स्वाध्याय जीवन के अन्तिम क्षण तक निरन्तर अनवरत चलता रहा। इनके स्वाध्याय और चिन्तन में कभी विराम नहीं आया।

निष्कर्ष यह कि शास्त्री जी ने बुद्धि परितोष के लिए विद्या की उपासना नहीं की अपितु जीवन की गूढ़ एवं बृहद् पुस्तकों का

अध्ययन किया। प्रतिभा का वास्तविक मापदण्ड केवल परीक्षा उत्तीर्ण करना इन्होंने नहीं माना। शास्त्री जी के काव्य में ही इनके जीवन के महान तथ्य निहित हैं। शास्त्री जी का वैवाहिक जीवन द्विविवाह वाला रहा। पूर्व पत्नी के असामयिक निधन के कारण इन्हें दूसरी बार प्रणय सूत्र में बंधना पड़ा। परन्तु यह द्वितीय सूत्र इनके लिए उत्तरोत्तर प्रेरणा का स्रोत बनकर बहने लगा।

काव्य संस्कार:

शास्त्री जी सभ्य, सुसंस्कृत, गुणज्ञ परिवार में जन्मे। इनके पूज्य पिता एक महान कर्मकाण्डी एवं ज्योतिर्विद थे। संस्कृत के श्लोकों को छन्दवद्ध उच्चारण करना इन्होंने बचपन में ही सीख लिया था। स्वयं काव्य रचने की प्रवृति बाल्यकाल से तो नहीं पर कैशोर अवस्था से इन्होंने लिखना प्रारम्भ कर दिया था। पहले पहल आँचलिक भाषा का ही आश्रय काव्य निर्माण के लिए चुना।

इनका व्यक्तित्व दो पक्षों में दिखाई देता रहा। बाह्य और आन्तरिक। बाह्य पक्ष सदैव ही अपनी साधारणता को लिए हुए है, इसमें शास्त्री जी की साधारण बातचीत की शैली, रहन-सहन, खान-पान, वेशभूषा आदि आते हैं। अभाव में भी सन्तुष्टीकरण का भाव इनमें प्रबलता को लिए हुए था। इनके आन्तरिक पक्ष में स्वभावगत विशेषताओं का समावेश था। शास्त्री जी परिजनों, सम्बन्धी, बन्धुओं, मित्रों एवं परिचितों सभी के सुख-दुःख में सहज भाव से सम्मिलित होते थे। इनकी यह सामाजिकता की भावना ही इनके हृदय की उदारता एवं विशालता की द्योतक थी। शास्त्री जी का कुछ कुछ आंशिक रूप से विनोदी स्वभाव भी प्रकट होता था, पर यह विनोदी क्षण कभी कभार ही उभरते थे। अप्रत्याशित क्रोध भी इनके सहज स्वभाव का एक पक्ष था। जब भी यह क्रोधावेश जन्म लेता तब इनकी दृष्टि का सामना करने का साहस कोई भी नहीं जुटा पाता था। इनके चरित्र का विश्लेषण करने पर यह स्मृति सहसा हो जाती है।

"वज्रादपि कठोराणि, मृदूनि कुसुमादपि"

उनकी स्पष्टवादिता उनके मन, वचन और कर्म में पूर्णतया लक्षित होती रही। वे प्रत्येक बात को सरल-स्पष्ट रूप में प्रस्तुत करते रहे, कृत्रिम छल-छद्म के आवरण में नहीं। सत्य कहने से कभी नहीं चूकते थे।

जीवन में अनेक कष्टों एवं यातनाओं के होने पर भी शास्त्री जी ने अपने धैर्य को कभी नहीं खोया। अदृष्ट के प्रत्येक प्रहार को इन्होंने बड़े धैर्य से सहा। आत्म विश्वास इनके रोम-रोम में व्याप्त था। पारिवारिक दुःख, साहित्यिक प्रतारणाऐं इनके विकासोन्मुख जीवन में बाधाऐं न बन सकीं। अहंकार से दूर पर, अभाव में भी अनायास किसी के भी समक्ष अपनी हीनता प्रकट करना इनके स्वभाव में नहीं था। वे अपने सरल धारा प्रवाह जीवन में एकनिष्ठ होकर अपने लक्ष्य की ओर अग्रसर रहे। जन मंगल की भावना से ओतप्रोत वे जातीयता और साम्प्रदायिकता के कटु आलोचक भी रहे।

आधुनिकता व प्राचीनता का अद्भुत सामन्जस्य और सरल विश्लेषण शास्त्री जी के जीवन में पग-पग पर दृष्टिगोचर होता रहा। उनकी यह विरल प्रतिभा उनके काव्य में भी स्थान-स्थान पर लक्षित होती है।

शास्त्री जी का "नल दमयन्ती" काव्य में जो भी प्रयास अध्ययन के अनन्तर लगा है, उसे साहित्यिक आधार पर लघु शब्दों में उस पर प्रकाश डालना स्वयं को तो अधिकारी नहीं माना जा सकता है क्योंकि कवि की अपनी भावना भावों की अभिव्यक्ति तत्-तत् क्षणों की होती है। जिनसे वह गुजरता है या उनसे अनुभूत होता है। जबकि पाठक अनुमान अथवा निर्धारित सिद्धान्तों की तुला पर उसे परखने की चेष्टा मात्र करता है। फिर भी इस काव्य के अध्ययन के पश्चात जो भी पाया है उसे व्यक्त करने का साहस जुटाकर प्रस्तुत किया जा रहा है।

विषय प्रवेश

कलाकार के कृतित्व में उसके जीवन दर्शन, मानसिक विकास तथा सामयिक परिस्थितियों का प्रतिबिम्ब स्पष्ट लक्षित होता है। ऐसा होना स्वाभाविक ही है, क्योंकि किसी भी कलाकार को सर्जनात्मक प्रेरणा जीवन के उत्थान-पतन तथा तत् सम्बन्धी परिस्थितियों से ही प्राप्त होती हैं। जन्मजात सर्जनात्मक प्रतिभा होते हुए भी उसे कोई निश्चित रूप एवं दिशा देने के लिए कोई विशेष प्रेरणा स्रोत अपेक्षित रहता ही है।

वर्तमान समय में जब काव्य धारा ने अपना स्वरूप ही बदल डाला हो, ऐसे में भारतीय संस्कृति के अनन्य प्रस्तोता शास्त्री जी काव्य प्रतिभा जन्मजात एवं काव्यगत संस्कार उनके भीतर की ही देन मानी जाती है। परन्तु प्रतिभा और संस्कारों को साकार रूप युगीन परिस्थितियों की उत्प्रेरणा द्वारा ही प्राप्त हुआ है।

जब कवि कोई निश्चित दिशा ढूढने का यत्न कर रहा होता है ऐसे समय में अपने भीतर दबे हुए भावों को काव्य मार्ग के द्वारा अपने संस्कृति स्वरूप भाव को स्फुट करने की प्रबल इच्छा शक्ति ने उन्हें काव्य रचने की प्रेरणा दी है। इसके साथ ही शास्त्री जी ने अपने अमूल्य काव्य रत्न द्वारा साहित्य निधि में अपूर्व योगदान दिया है।

कवि होने के नाते इनकी समदर्शी दृष्टि काव्य के सभी अंगों पर समान रूप से पड़ी है। इनके काव्य का मूल उद्देष्य लोक रंजन की भावना है। इनका कथन है कि-

"कलि प्रभाव विदग्ध सुरोत्तमः,

नल चरित्र ददाति मनुष्यता।

जगति क्षोभित अक्ष प्रभावतः,

सतत् शान्ति प्रयच्छति मानवम्।।"

अन्य स्थान में द्रष्टव्य है-

"पूज्यों का ही कथन यह जो,

मानवों के लिए है।

पाते ही हैं अमित श्रम से,

मूल्य कल्याणकारी।।"

अपने इस काव्य में प्राचीन और नवीन, पौराणिक और सामयिक, ऐतिहासिक और काल्पनिक, स्वदेश के काव्योचित विषयों को ग्रहण करते हुए कवि ने न तो स्वयं को विस्मृत किया है और न ही काव्यादर्श को ही। इनके काव्य में जो विशेषता है यही इसकी उपयोगिता है। वह स्त्री-पुरूष, छोटे-बड़े वृद्ध-युवक, सभी के लिए उपयुक्त होता है। साम्प्रदायिकता, जातीयता, अथवा अन्य किसी संकीर्ण भावना का भाव इसमें लेश मात्र भी नहीं मिलता है। इससे लगता है कि कवि को भारतीय संस्कृति से अनन्य प्रेम है। काव्य में जीवन के सभी पक्षों का गौरवगान कवि की उदारवादी भावना का परिचायक है।

काव्य में काव्य शास्त्रीय तत्व-

कवि ने अपनी इस काव्य रचना में काव्य शास्त्रीय तत्वों की उपेक्षा नहीं बरती है। इन्होंने रस, अलंकार, ध्वनि, गुण, दोष, रीति, वृति एवं शब्द शक्तियों का भी यथाशक्ति निर्वहन किया है।

काव्य में कवि ने शास्त्रीय दृष्टि का पूर्णतः पालन किया है। कवि द्वारा इस काव्य रचना से पूर्व भी कई काव्य कृतियाँ रची गईं हैं जिनमें "सच्चित् सुधा" एक नीति एवं शिक्षाप्रद काव्य के भावों को लिए हुई है। परन्तु प्रस्तुत काव्य में कवि ने भावपक्ष और कलापक्ष दोनों पर ही विचार कर काव्य गुम्फन करने में कंजूसी नहीं बर्ती है। काव्य अंगों को स्पर्श करने में कवि यत्नशील दिखाई

देता है। कलापक्ष एवं भावपक्ष ही नहीं अपितु शास्त्रीय आधार पर भी कवि का काव्य परखने योग्य बन पड़ा है, जिसमें प्राचीन परम्परा जीवित एवं जीवट् होकर सिहर सी रही है।

काव्य पर प्राचीन भारतीय संस्कृति का पुट अधिक चढ़ा दृष्टिगोचर होता है। काव्य अन्तरंग और बहिरंग उभय हो कोमल और कमनीयता को लिए हुए है। इससे कवि के मृदुल हृदय का बिम्ब, प्रतिबिम्बित सा प्रतीत हो रहा है। काव्य की वर्णनीय विधा अपने में विषय वस्तुओं को चित्रित सी करती दीखती है। काव्य में जहाँ चित्रात्मकता है वहीं बिम्ब-प्रतिबिम्ब और प्रतीकों की भी भरमार दिखाई देती है। काव्य साधना के क्षेत्र में कवि मूलतः प्रेम-सौन्दर्य और जीवन की कोमल भावनाओं को भरसक समेटते हुए लगते हैं। इस काव्य में सौन्दर्याभिव्यक्ति पद-पद में दिखाई देती है। कवि ने कल्पना लोक का भी आश्रय लिया है। कल्पना जगत से कवि अछूता नज़र नहीं आता है। काव्य में प्रकृति सौन्दर्य का जैसा वर्णन आया है उसी के माध्यम से कवि कल्पनालोक तक पहुँच सका है। भले ही यथार्थ के मोह से भी मर्यादित दीखता है। परन्तु यथार्थ के कुरूप को कवि ने कहीं भी नहीं स्वीकारा है, अपितु कल्पना के बल पर कवि का काव्य कल्पना के सौन्दर्य-पटल पर अपना स्थान बड़ी खूबसूरती से निर्मित कर पाया है। साथ ही कवि का ध्येय आदर्श सौन्दर्य की अभिव्यक्ति करना रहा है। इस दिशा में कवि बड़ी चतुराई से आगे निकल पाया है। यही काव्य मर्मज्ञता का प्रतीक है।

कवि के पात्र स्वयं में कैसे मर्यादित रहते हैं इसका उदाहरण द्रष्टव्य है-

"स्त्रियाँ होती ऊँचा मन-तन लिए स्वार्थ तज के,

बने भारी दीना तदपि पति की हो प्रियतमा।

असारे संसारे यशमय सुनी है सुष्टहिणी,

सदा कष्टों को भी सहनकर मर्यादित रहे।।"

यहाँ कवि का नारी पात्र अपनी मर्यादा के लिए अनेकानेक विपत्तियों को झेलकर भी जीवट बना रहना चाहता है। नारी की प्रशन्सा में कवि का काव्य वर्णन बहुत आगे तक बढ़ा नज़र आता है। यह सब अध्ययन करने से लगता है कि कवि हृदय नारी में सम्पूर्ण विश्व की सत्ता समेटना चाहता है। उसके लिए नारी क्या-क्या नहीं है? कवि ने नारी को ही जगत स्रष्टा माना है। यहाँ कवि की इन पंक्तियों में नारी का मातृ भाव स्पष्टतया लक्षित है। यथा-

"किया कैसा भी हो, सहन करती कष्ट पर का।

तभी तो सारे ही जगति कहते शक्ति उसको।।"

नारी पात्र कवि का सब कुछ बना बैठा है।

प्रकृति वर्णन में कवि ने अपने काव्य में स्वाभाविक वर्णन किया है जो कि नैसर्गिक रूप से प्रवाहमान लगता है। जैसे इस काव्य पंक्ति से प्रतीत होता है-

"लगे मेघों पीछे गमन करता तारक यथा।

यथा विद्युत ज्योति गगन पथ में मेघ सम हो।।"

परन्तु काव्य में कोरा प्रकृति वर्णन करना कवि का उदेश्य नहीं लगता है। कवि ने अपने इस काव्य में युगानुकूल साहित्यिक पहलुओं को स्पर्श करने का पूर्ण यत्न किया है। काव्य ऐतिहासिक रूप लिए हुए अपनी पौराणिकता को अपने अंक में पूर्ण रूप से समेटे हुए है। कवि पौराणिकता के यथार्थ चित्रणों से कहीं भी पृथक नज़र नहीं आया है।

काव्य में प्रेम भावना के दर्शन आरम्भ से ही प्रारम्भ हो जाते हैं किन्तु कोरी रसिकता काव्य में हो ऐसी बात नहीं है। काव्य में प्रकृति परिवर्तन का स्थल-स्थल पर दिग्दर्शन करा कर कवि ने ऋतु वर्णन का भी संकेत दिया है। इस काव्य में नायक-नायिका के सम्वाद रूप में ऋतुओं को उपस्थित किया है। एक के बाद दूसरी

ऋतु आने पर जहाँ बाह्य प्रकृति में नवीनता आती है, वहाँ नल-दमयन्ती की प्रणय स्मृतियों का उभर कर आना ही श्रृंगार चेष्टाओं का उदय होना है। यथा-

"मगन था रहता तब ध्यान में,

जबकि कल्पित मूर्ति यदा कदा।

उभरती कमनीय स्वरूप में,

सतत विस्मृत हो रहता तदा।।"

विरह का मानों यह काव्य घर ही है। नल के द्वारा द्यूत पराजय से लेकर विरह की स्रोतसि काव्य में प्रवाहित दीखती है। वियोग श्रृंगार की प्रधानता लिए हुए यह काव्य कवि के हृदय की पिपासा को भी परिस्फुटित करता है।

यह उदाहरण स्पष्ट इस दिशा में सूचना देता है-

"कहीं भी होगी ही जगति दमयन्ती प्रियतमा।

कभी तो पाउँगा निज हृदय की शान्ति तब तो।।"

और भी-

"नयन थे बरसे नद रूप में,

तन तदा अति कम्पित हो रहा।

वचन भी प्रिय वत्सल भाव के,

पकड़ कण्ठन बाहर आ रहे।।"

इन पक्तियों में "पकड़ कण्ठन" शब्द से मर्मान्तक पीड़ा का सहज ही आभास हो रहा है। इस काव्य में विरह का मानों कवि ने वर्गीकरण सा कर दिया है।

कहीं मातृ-पितृ विरह है तो कहीं वात्सल्य विरह, कहीं सुत मोह का तो कहीं प्रिय और प्रिया का, इससे भी ऊपर उठकर प्रजाजनित मोह के विरह ने मानों नायक की मर्यादा की रक्षा भी कर दी है।

फिर भी काव्य में काव्यत्व एवं काव्य अंगों का पूर्ण विकसित वर्णन है। काव्य में रस-परिपाक समुचित रूप से दिखाई देता है। करुण रस की प्रधानता लिए यह काव्य 'भवभूति' का अनुकरण कर आगे निकला जान पड़ता है।

यहाँ कवि मूलतः प्रेम-सौन्दर्य और जीवन की कोमलतम भावनाओं को उद्घाटित करना चाहता है। यहाँ सौन्दर्यबोध की अभिव्यक्ति सहज ही हो जाती है। काव्य में आदर्श की रक्षा करना- सौन्दर्यमयी रूप की सुकुमार अभिव्यक्ति ही काव्य की मूल चेतना है।

शब्द शक्तियों का जहाँ तक काव्य से सम्बन्ध है उनका पालन शास्त्रीय आधार पर कवि ने किया है। कवि ने लाक्षणिक प्रयोगों को खूब प्रयुक्त किया है। अभिधा, लक्षणा और व्यंजना का प्रयोग भी अवसरानुकूल किया गया है। जैसे-

"खंजन गंजन नैन चलाते"

काव्य की इन पंक्तियों से लक्षणा शक्ति का अनुपालन अच्छी तरह लक्षित होता है।

काव्य में रीति, गुण अलंकारों का प्रयोग बड़ी कुशलता से हुआ है। अलंकारों में उपमा अलंकार सर्वाधिक उभर कर आया है। शब्दालंकार, अर्थालंकारों का प्रयोग यहाँ समयानुकूल हुआ है। कवि की अलंकार योजना बड़ी सतर्क दिखाई देती है। भारतीय अलंकारों का ही अधिक प्रयोग हुआ है।

छन्दों की दृष्टि से कवि छन्द के बन्ध से मुक्त नहीं दीखता है। छन्द प्रयोग सर्वत्र नियमित रूप से प्रयुक्त करने का यत्न कवि का रहा है। छन्दों में शिखरिणी, मन्दाक्रान्ता का प्रचुर प्रयोग है। कुछ अन्य छन्दों ने भी काव्य में स्थान पाया है। हाँ कुछ स्थल ऐसे भी रहे हैं जहाँ मात्राओं की कमी के कारण मात्रिक छन्द अवश्य अधूरे रह गये हैं। वार्णिक छन्दों में इतनी न्यूनता नहीं है। काव्य

में गुणों के अनुकूल पद रचना की गई है। जिससे रीति पक्ष की पूर्ति हो जाती है। कहीं कहीं वक्रोक्ति और ध्वन्यात्मकता के भी दर्शन होते हैं।

काव्य में कवि ने अपनी मौलिक उद्भावना और परिणिति सम्बन्धी कल्पना का विषद परिचय दिया है। यह काव्य अपनी मौलिकता को लिए हुए काव्य श्रेणी में अपने को अलंकृत कराने में सक्षम दीखता है। यह पौराणिक युगीन संस्कृति को चेतना का प्रतिनिधित्व करने वाला काव्य माना जाएगा। यह काव्यालंकरण एवं रसबोधक रचना होने से काव्य जगत में आदर पाएगी।

आशा है यह काव्य जिसमें सम्पूर्ण काव्यांगों का सन्निवेश है वह अपने रूप सौन्दर्य एवं विषय वस्तु के समुचित सुसज्जित रूप आकार से काव्य जगत में अपनी मौलिकता के लिए निश्चय ही स्थान बनाकर उन्नत होगा।

डा. नागदत्त डिमरी (साहित्याचार्य)

(एम. ए. हिन्दी- संस्कृत) पी. एच. डी.

प्राचार्य (सेवानिवृत्त)

राजकीय संस्कृत महाविद्यालय नाहन सिरमौर हि. प्र.

ब्रह्मानन्दमनन्त शक्तिजनकम् बुद्धिप्रभावर्धकम्।।
रुद्राक्षांकित कण्ठभाल तिलकम् शक्ति प्रियम् शंकरम्।।
हृद्यां श्यामलताम् अनन्त सुखदाम् विश्वम्भरीम् मातरम्।।
दीनोऽहम् प्रणमामि भाव-प्रवणम् कैलाशमीशम् प्रभुम्।।

कलि प्रभाव विदग्ध सुरोत्तमः।।
नल चरित्र ददाति मनुष्यता।।
जगति क्षोभित अक्ष प्रभावतः।।
सतत शान्ति प्रयच्छति मानवम्।।

"प्रथमसर्ग"

राज्य हरण व वन-गमनोद्यत

सौम्ये ! मैंने समय बल से द्यूत में राज्य हारा
होनी ऐसी प्रबल उसमें कौन देता सहारा,
त्यागे सारे नियम यम थे भूप के कर्म भी तो
भूला बैठा सहित नय के सत्य कर्तव्य को भी ||1||

चित्ताकर्षी तब लग रहा द्यूत का जो नशा था
ज्यों माया से ग्रसित जन का हाल होता यहाँ है,
मेरी कैसी विकृत मन की सी दशा हो गई थी
भोगी से भी बढ़ चढ़ किए द्यूत के दंश मैंने ||2||

कैसी होती नय पतन से मानवों की दशा है
जाना मैंने अब जब सभी राज्य ही हार बैठा,
कैसी-कैसी विकृत मन में वासनाएँ सजी थीं
अन्धा जैसा बन जगत में ठोकरें खा गया हा ||3||

होते भैमी जब दिन बुरे बुद्धि भी नष्ट होती
आशाएँ भी विकृत बनती सौख्य सारा डुबोती,
रोने से तो अब कुछ नहीं प्राप्त होगा कहीं भी
जाना ही है तजकर मुझे राज्य व भोग सारे ||4||

मैं जाँउगा अब न मुझको कष्ट है छोड़ के भी
पा लूँगा मैं निज सुख लिए कार्य भी दूर जाके,
जाओगी पीहर तुम सुखी हो रहोगी वहाँ भी
मैं भी तो शक्ति-युत बनके आ सकूँगा कभी भी ||5||

मैंने कोई नियत अब भी कार्य सोचा नहीं है
छोड़े जाता निज प्रिय प्रजा कष्ट है सालता ही,
जैसे ही पुष्कर जन हितों को तजे स्वार्थ साधे
रोयेगी ही दुःखित जनता पाप होगा हमें भी ||6||

मेरी इच्छा इस विषय में है यही सौख्यकारी
जाओ प्यारी निज जनक के राज्य में दुःख त्यागो
सन्तानों को तुम प्रथम ही भेज बैठी वहाँ हो
जाओगी जो तुम प्रियतमे ! सौख्य होगा उन्हें भी ||7||

नारी के हेतु गृह रचना मानवों में रही है
पत्नी होती जब वह गृही ही बनी शोभती है,
मैंने हा ! द्यूत बस रहके त्याग डाला सभी है
तो भी यों ही वन-वन कहाँ घूमती सी रहोगी ||8||

रोते हैं ये महल जिनमें वास प्यारी रहा है
दीनों जैसे मलिन लगते शुष्क ताड़ाग से हैं,
एकाकी हो कुमुद इनकी स्नेह-सिक्ता निराली
ऐसे कैसे विकल त्यज के जंगलों में फिरोगी ||9||

जो देखेगी अति विकल हो नैषधीया प्रजा भी
राजा रानी तजकर हमें दूर जाते यहाँ से,
पीड़ाकारी निठुर उसके क्रूर स्वायत्त में आ
कष्टों से हो त्रसित अति ही पागलों सी फिरेगी ||10||

जैसा होता मन विकल है याद आके प्रजा का
वैसी ही हो अब अनुभवी सोच लो ध्यान दे के,
मैं तो भारी वचन बल की भावना से बँधा हूँ
छोड़े जाता विकल इनको धैर्यशाली बनाना ||11||

मानों मेरा कथन करुणे ! जो रहोगी पिता के
होगा मेरा कुछ समय में पास आना वहाँ भी,
पीड़ा देगा यदि यह कभी तो पिता के सहारे
दीना हीना विकल जनता रक्षिता ही रहोगी ||12||

काटे खाते तब यह मुझे सोचता हूँ जभी मैं,
है भाई पुष्कर यह महा जन्म से ही विलासी,
लेगा भारी कर कर दुःखी दीन दानी प्रजा से
मिथ्याचारी मिलकर उसे नीचता से हरेंगे ||13||

मैं भी दुःखी वन भटकती को यदा देख लूंगा
होगा मेरा मन व्यथित यों हूँ स्वयं क्लेशकारी,
प्राणाधिक्या मम प्रियतमा क्लेश जो भोगती है
मेरे ही दुष्कृत फल रहे चित्त में भाव होगा ||14||

ऐसा आभास अब मुझको हो रहा चित्त में है
देगा क्या पुष्कर अब हमें राज्य में स्थान प्यारी,
जाना होगा तजकर यदा राज्य सीमा यहाँ की
तो कैसे ये सफल अपनी योजना हो सकेगी ||15||

मेरी थी ग्राम जन हित की एक ही कामना तो
जाएँगे छोड़कर पदवी और सेवा करेंगे,
होती ऐसी हृदय की भावना पूर्ण मेरी
दोनों जाते तब निज प्रजा-सौख्य में हेतु होते ||16||

जाना मैंने न बचपन से स्वार्थ की साधना को
भाई भी पुष्कर अमित ही प्यार देता रहा है,
जाने क्यां आज वह अति निर्दयी सा हुआ है
ऐसा तो न था तन मन से भाव श्रद्धा भरा था ||17||

ऐसा उद्घोष अब अपने राज्य में भी करेगा
कोई भी पूर्व नृप हित को वास देगा कहीं भी,
तो देगा दण्ड उस जन को और सर्वस्व लेगा
होगा ऐसा यदि तब बड़ा कष्ट होगा सभी को ||18||

बातें यों लोग अब करते जा रहे बोलते थे
भाई तो आज नल नृप का प्यार ही भूल बैठा,
राजा को तो अशुभ फल यों द्यूत से जो मिला था
पाना ही था पर अब यहाँ क्लेशिता है प्रजा भी ||19||

आज्ञा जो आप अब करते मैं पिता आश्रिता हो
जाऊँगी मैं तजकर नहीं सत्य ही तो पिता के,
मैंने तो जीवन भर लिए था वरा आपको ही
त्यागे सारे सुख दुःख तभी हो गई अर्पिता थी ||20||

रोका मैंने नृपति वर को द्यूत क्रीड़ा लिए था
मन्त्री सेनापति, प्रियप्रजा रोकते थे सभी ही,
मैंने जाना कलि-ग्रसित हो बुद्धि वैकल्य द्वारा
अच्छी बातें तब हृदय में स्थान पाती नहीं थीं ||21||

मैंने यों है अनुभव किया जो रहोगे अकेले
तो चिंता में घुलकर सदा स्वास्थ्य का नाश होगा,
होगा जो कष्ट प्रियवर को क्लेश व ताप आगे
कष्टों में मैं प्रियतम सदा सान्त्वना दे सकूंगी ||22||

आता ही काल जब नर के क्लेश के भोग का है
अच्छी बातें प्रियजन कहें तो बड़ा क्रोध आता,
विश्वासी मित्रवर सब ही शत्रु से दीखते हैं
सारे ही तो प्रियजन तदा क्लेश देते लगे हैं ||23||

आते थे भोजन हित सदा स्वच्छता साथ प्यारे
कोई भी दुर्व्यसन बस में थे न अन्यायकारी,
धोना भूले कर पद कभी भोग्य की शीघ्रता में
त्यों ही पैठा कलि कलुश है भूप की भावना में ||24||

जैसे ही हा ! कलियुग प्रभावी हुआ नाथ भूले
भाई जो पुष्कर प्रिय रहा द्यूत का ले बहाना,
वैसा प्रेरित कलि कृपा से हुआ नाश सज्जी
दोनां ही तो असत पथ के हाय? राही बने थे ||25||

ऐसी ही तो सतत दयनीया दशा सोचती थी
मेरे द्वारा तब कलि हुआ शाप संतप्त भारी,
तो भी क्रोधी तव हृदय में स्थान जो पा गया था
होनी के हो बस तब तजे नित्य के कर्म भी थे ||26||

माना यों क्लश कलि युग की प्रेरणा से मिला है
विश्वासी आप प्रभुवर के द्यूत में क्यों लगे थे,
आते हैं दुर्गुण सब वहाँ भाव हों नास्तिकों के
जो माने केवल जगत में "मैं" बड़ा बुद्धिशाली ||27||

ये सारे दोष तुम कहती हो मुझे हा ! लगे थे
आते हैं दुर्दिन जब कभी दीखते मानवों में,
"मैं" की सत्ता जब हृदय स्थान पाती कभी है
हो जाता है पतन सच ही जागती दानवात्मा ||28||

कोई भी दुर्व्यसन नर में जो कहीं दीखता है
सारे प्यारे प्रियवर उसे टोकते हैं तदा ही,
आक्रोशी हो तब वह उसे मूर्ख ही दीखता है
होती यों ही जगत तल में मानवों की दशाएँ ||29||

कोई भी मानव जब कभी कल्पना के सहारे
पाना चाहे अमित सुख को कर्म-त्यागी, बिहारी,
वे ही तो द्यूत, छल बल से राज्य का भोग भोगें
देखे जाते पर श्रम लगे लोग ही तृप्ति पाते ||30||

पूज्यों का ही कथन यह जो मानवों के लिए है
पाते ही हैं अमित श्रम से मूल्य कल्याणकारी,
ऐसों की ही मनसि रहती शुद्धता बुद्धि द्वारा
आती हैं निम्न पल भर भी भावनाएँ नहीं हैं ||31||

कामी क्रोधी इस जगत में देखती हो कहीं जो
वे होते ही श्रम रहित हैं क्लेश संतापकारी,
देखे हैं रात दिन सब ही वासना दग्ध मैंने
अच्छी बातें गरल लगती मित्र भी शत्रु माने ||32||

ऐसी बातें अब हृदय से दूर सी हो रही हैं
भूला जैसा असत पथ का मार्ग ही सूझता है,
क्यों जाने मैं समझकर भी सत्य से दूर होता
इच्छाएँ ही जब तब मुझे स्वार्थ को प्रेरती हैं ||33||

इसलिए अब काल विचार के
वह करो जिससे हम शान्त हों,
विषमता तजके निज मार्ग में
सुख भरें उडुराज मुखी प्रिये ||34||

विपत सागर की तुम नाव हो
नयन हो अवलोकन के लिए
चपल मानस की प्रतिमा भली
तुम मुझे अब मार्ग दिखा चलो ||35||

"द्वितीय सर्ग"

वन्य-जीवन व नल चिन्ता

हे नाथ? आप अब क्यों अबला दुःखी को,
एकाकिनी तज विपत्ति बढ़ा रहे हैं,
विक्षिप्त सी तुम बिना कर क्या सकूंगी
शीतांशु से विलग हो सकती न ज्योत्स्ना ||1||

सौंपा शरीर मन रूप सभी सुखी हो
यों छोड़ते अब मुझे इस दीनता में,
माना मुझे यदि कहीं असुखी विचारो
तो कष्ट पीड़ित स्वयं प्रिय आप होंगे ||2||

जो प्राप्त हो तुम बिना सुरलोक स्वामी
मैं नर्क से न उसकी गुरूता करूंगी,
अर्धांगिनी मन तथा तन से बनी हूँ
क्या मैं सुखी बन वहाँ पर जी सकूँगी ||3||

नारी लता यदि रहें तज आसरे को
तो नष्ट रूप उनका समझो सदा ही,
दासी बनी निज क्रिया तब छोड़ दूँ मैं?
वाणी बिना प्रिय कहो? स्वर ताल कैसा ||4||

सम्बन्ध है यह हुआ जब भावना का
तो भाव भूमि मन की तन त्याग कैसे,
कल्याण मार्ग तज के चरितार्थ होगी
क्या सौख्य मैं तनिक भी तब पा सकूंगी ||5||

हाँ बाह्य रूप जग में नर-नारियों का
सम्बन्ध माध्यम सदा तन दीखता है,
उत्कृष्ट रूप जब भावित प्रेम का हो
है भूलता तव सदा तन दीव्यता भी ||6||

संसार में वस करे जब कार्य सारे
तो छोड़के न निजता जग जी सकेंगे,
आध्यात्म मार्ग निज जीवन ढाल के भी
देखा प्रशस्त न कभी व्यवहार में है ||7||

नारी तथा नर नहीं तन के लिए ही
सम्पर्क स्थापित करें सुत हेतु भी तो
सन्तान वा तन प्रभाव विकास भावे
है स्नेह आत्मिक रहा जग में सदा है ||8||

जो छोड़ दो जगत इन्द्रिय भोग सारे,
होता नहीं हृदय बुद्धि प्रभाव में है,
माया-प्रभाव समझो वन धैर्यशाली
आध्यात्म मार्ग मिलता जग भोग के ही ||9||

नारी स्वतन्त्र यदि जीवन चाहती हो
होता नहीं सफल यत्न किसी दशा में,
देखी नहीं सुख युता वह स्वल्प भी तो
संसार सागर प्रिया नर के बिना है ||10||

माता पिता सब मुझे तब ही सहेंगे,
मैं साथ में जब रहूँ नित ही तुम्हारे,
सम्बन्ध यों जब नहीं तुम से किया था
कर्तव्य काल उनका वह काल ही था ||11||

सौंपा मुझे जबकि साथ किया खुशी से
जो नाथ को तज चली वह क्या कहेंगे
प्रातिज्ञ हो, प्रणय-बन्धन में बंधी मैं
क्यों आज तोड़ उसको फिर छोड़ दूँ मैं? ||12||

है धर्म की गति सदा प्रमदा कुलों की
साथी रहें सुख दुःखी बन के उसी की,
मैंने किया यदि नहीं निज कर्म पूरा
वामागिनी कुल मयंक कलंक हूँगी ||13||

है धर्म नीति कहते कुल भूषणा को
है किङ्करी सचिव भ्रात तथा च भोग्या,
ऐश्वर्य भी महल किङ्कर, भोज्य भोगा
सारे मुझे तुम बिना कब भा सकेंगे ||14||

है धूर्त पुष्कर बड़ा तुम बोलते हो
मैं क्या करूँ? बिलखती दलती प्रजा का,
मेरे लिए प्रभु प्रजा तुम प्राण स्वामी
सारे मुझे तुम बिना कब भा सकेंगे ||15||

पुत्रादि प्यार मुझको तब ही सजेंगे
हूँगी सदैव मन से यदि प्रेमशीला,
मैं साथ में चल सकूँ यह सोच के ही
भेजे सुता सुत च पीहर नाथ मैने ||16||

मेरा विचार यह था हम सौध छोड़ें
जावें प्रजा हित निरन्तर घूम देखें,
उद्योग शक्ति बल घोष करें प्रजा में
कर्तव्य निष्ठ उनको चलके बनावें ||17||

हों ग्राम के प्रति मनुष्य अनन्त ज्ञानी
स्वात्माभिमान उनमें भर दे क्रिया का,
वे आत्म निर्भर बने तज भोग-लिप्सा
विज्ञान शिल्प कला का प्रिय पाठ पावें ||18||

षट् दर्शनादि पथ के बन पान्थ जाँए
साहित्य वैद्यक विशारद ज्ञान गाँए,
शिक्षा महत्व उनको चलके बताएँ
शान्ति सुधा भटकते जन को पिलाएँ ||19||

स्त्री वर्ग को उचित मैं सब ज्ञान दूँगी
अज्ञान घोर कर नाश, प्रकाश दूँगी,
गार्हस्थ्य ज्ञान सुत पालन और शिक्षा,
स्त्री योग्य कर्म विधि का प्रिय पाठ दूँगी ||20||

हे नाथ आप हित चिन्तक हैं प्रजा के
हों राज्य के प्रति मनुष्य सुशक्तिशाली,
वे वीर शौर्य युत हों वह शक्ति लाना
पीयूष देश-अनुराग भरा पिलाना ||21||

मैं साथ में चल रही यह ठीक ही है
मैं नाथ की पृथकता पल क्या सहूँगी,
प्राणान्त भी जगत में मुझ निश्चिता को
कर्तव्य मार्ग पर से न डिगा सकेगा ||22||

मैं भेज जंगल तुम्हें सुख से रहूँगी?
एकाकिनी, यमपुरी पथिका बनूँगी?
जो साथ में प्रिय मुझे तुम ले चलोगे
तो मैं सुखी वन निवास किए रहूँगी ||23||

नल ने जब देख लिया उसको
बहु भाँति सुझाव दिये जिसको
नहिं मान रही यह जान लिया
तब स्नेह भरा प्रिय वाक्य कहा ||24||

अयि प्राण प्रिये ! तुम साथ चली
मन को करके स्थिर साथ भली
यह अर्ध क्षपा उडुपादिवृता
गमनादि क्रिया हित शोभित है ||25||

तृतीय सर्ग

दमयन्ती द्वारा त्याग

घटाटोप आकाश में मेघ छाए
हुए शक्र की क्रोध ज्वाला जलाए,
जलाधीय भी वारिधि सी उमंगें
लिए नैषधाधीश ध्वंसी तरगें ||1||

बने क्रुद्ध थे प्राण के देव भारी
तभी कर रहे कृत्य ऐसे संहारी,
घनी अन्धकाराप्त रात्रि महा थी
हुई क्रुद्ध अग्नि सुआभा कहाँ थी ||2||

तमाक्रान्त रात्रि दुःखाक्रान्त प्राणी
महाक्रोष्टु- क्रन्दन चले भूपरानी,
विभीषाप्त आतप्त उल्लूक भाषा
दिशा ज्ञान में थी यही आज आशा ||3||

छिपे चन्द्रवंशी घने मेघ में थे
छिपे चन्द्रवंशी घने मेघ में थे,
चले थे कि जो और दुःखी बनावें
वही मेघ दौड़ें दया को मनावें ||4||

चले भग्न आशा लिए दो भिखारी
न आगे न पीछे निराशाधिकारी,
अभी भूप थे जो अभी क्या हुए थे
चले भागते भाग्य माला लिए थे ||5||

कभी ठोकरों से गिरें थे उठे जो,
चले मार्ग को ढूँडते से कहीं को,
निशानाथ अशी निशाटी बने थे
निशानाथ दुःखी तभी मेघ में थे ||6||

स्ववंशावतसांप्त आपत्ति में था
तभी रो रहा यूथ था तारकों का,
परं धैर्यशाली बड़े दो जने थे
प्रतिज्ञा प्रिया के सने प्रेम में थे ||7||

महावायु से वृक्ष टूटें रराते
बने शूर से ढूँडते मार्ग जाते,
बड़े ठूंट के झुण्ड थे टूट आते
चले जा रहे शान्त थे वे सुहाते ||8||

गम्भीराकृति ध्येय के वे पुजारी
भजें एक निष्ठा प्रतिज्ञा बिहारी,
चकाचौंध थी चंचला भी बनाती
वही मार्ग थी यात्रियों को बताती ||9||

बड़ी तीव्रता से बहें क्षुद्र नाले
महा फूत्कृति युक्त से व्याल काले,
सदा स्वल्प स्वामित्व वाले अनोखे
करें कर्म खोटे वही जो कि छोटे ||10||

नदी वेग की चाल से जा रहे थे
पड़ी विध्न की टक्करें खा रहे थे,
लगी ठोकरों से बहा रक्त जाता
तदा भी न था उत्साह मन्द होता ||11||

महा कष्ट झेले अनेकों निशा में
छिपे वन्य भी त्रस्त से थे गुफा में,
क्षपानाथ भी अस्तगामी हुए थे
ग्रहाः भी सभी मन्द आभा लिए थे ||12||

धरे रक्तिमा पूर्व आशा विभाती
प्रिया नाथ के हो यथा पास जाती,
सुहागोत्सुका मन्दगामी लजाती
निमीलार्द्ध अरविन्द आशा लगाती ||13||

उषा स्वर्णभा शाटिका से सुहाती
स्मिता मन्द सी दन्त-पंक्ति दिखाती,
गुलाबी लिए मन्द बिम्बोष्ठ युक्ता
सुगन्धांचला गन्धमादीन भुक्ता ||14||

प्रिया साथ ही जा रही थी यहाँ भी
हुए अस्तगामी भले चन्द्रमाली,
गई चन्द्र के साथ ज्योत्स्ना लजाती
स्व-अस्तित्व मानो उसी में मिलाती ||15||

अभी कौमुदी भी खिली विश्व में थी
हुआ लुप्त ही रूप मानो जहाँ से,
दिवा नाथ की सुप्त जैसी छटा थी
ऊषा सूर्य के साथ भाती कहाँ थी ||16||

अभी जो खिला है वही अस्त होता
अभी जो बढ़ा है वही त्रस्त होता,
यही विश्व में मानवों की दशा है
बन्धी कर्म डोरी सभी को कसा है ||17||

सभी बन्द अरविन्द थे यों बताते
तथा रक्त-मेधा यही थे जताते,
सदा योग आपत्ति उत्थान का है
घड़ा घी कभी एक मुट्ठी चना है ||18||

अहो धैर्य धारी बडे दम्पति हैं
यही आर्य संसार की संतति हैं,
खड़े अंशुमाली यही सोचते थे
सही कृत्य भारी जिन्हे रोचते थे ||19||

रहे दीन दारिद्रय के नाशकारी
बने दीनता से भरे वे भिखारी
तभी शीघ्र ही पूर्व आशा न छोड़ें
लजाते स्व-कर्तव्य का सूत्र जोड़ें ||20||

चला सारथी मन्द मार्तण्ड को ले
खड़े अश्व भी उन्मने हो रहे थे,
हुई भू धरा श्रृंग में मन्द आभा
तभी दो जने डोलते जा रहे थे ||21||

तजा सौध ऊँचा चले दूर जो थे
करें क्या कहां वास हो सोचते थे,
किसी ग्राम का जा निवासी बनेंगे
वहीं ज्ञान विज्ञान का पाठ देंगे ||22||

यही सोचते जा रहे थे चले जो
प्रजानाथ सच्चे प्रजाभक्त थे जो,
गए दूर दो व्यक्ति बातें करे थे
बढ़ी पौष्करी नीति से जो डरे थे ||23||

कहें थे हुआ देश में घोष भारी
यहाँ भूप को वास जो स्थान देगा,
प्रजा में उसे मृत्यु का दण्ड होगा
कलत्रादिकों का सभी नाश होगा ||24||

किया दुष्ट ने पाप भारी महा है
सभी ओर आतंक छाया घना है,
नहीं न्याय का नाम बाकी रहेगा
विलासादि से राज्य का नाश होगा ||25||

न जाने महाराज रानी कहाँ हैं
वहीं सौख्य होगा गए वे जहाँ हैं,
बढ़ा पाप का धूम्रतारा चला है
तभी आज यों घोर छायी बला है ||26||

सुनी दम्पति ने प्रजा दुःख गाथा
सभी रो रहे थे बने ज्यों अनाथा,
खड़े सोचते सुन्न से वे बने थे
करें क्या समस्या इसी में सने थे ||27||

प्रजा साथ अन्याय होगा तजूँ जो
स्व-वंशारि हूँगा प्रतिज्ञा तजूँ जो,
करूँ क्या प्रभो ! साथ दो धैर्यधारी
कहीं कूप खाई कहीं भित्ति भारी ||28||

बहु काल रहे वह सोच खड़े
तज राज्य प्रजा हम दूर पड़े,
अब सोच विचार वृथा करना
जब पुष्कर जीत चला सब है ||29||

यह सोच कहा दमकी श्वसु से
अब और कहीं चलना हमको,
इस देश नहीं अब वास भला
सब का अब है हित भी इसमें ||30||

चतुर्थ सर्ग
प्रकृति क्रंदन

ग्राम निवास व ज्ञान कथा निज कल्पित आश तुषार गिरा के
नैषध नाथ चले महिषी संग नैषध का सुख दुःख भुला के,
हा ! विधि वाम बिडम्बित आज बनी उस भारत भूषण की थी
देव प्रतारक न्याय, दया, बल, दान तथा कविता जिसकी थी ||1||

छोड़ चले पुर ग्राम अनेक सभी नृप के हित बात करें थे
मार्ग विशाल न अन्त कहीं वह दम्पति लक्ष्य विहीन चलें थे,
दूर गये अतिक्रान्त किया बहुकूल नदी नदिया कुल को था
यौवन बाढ़ भरी थिरकें अति चंचल वारि बहे जिन में था ||2||

जंगल में बहु थी बटियाँ उनमें चलते वह घूम फिरे थे
तो फिर ठीक वहीं फिरते इस आपत में बहुकाल बिता के,
जो गिरि घाटि बना उपमार्ग चले उसको वह लक्ष्य बना के
कुंज निकुंज दुकूल फटें अरु कण्टक हाल बिहाल बनाते ||3||

थे झरने झरते झकझोर झराझर वात प्रताड़न से थे
वीरुध पात भली चमकें वह बूंद लगे अति सौम्य सुहाती,
नायक ही जिमि प्राण-प्रिया हित मौक्तिक हार बिखेर रहा था
मान भरी वह फेंक रही जिमि खेल करें प्रिय आतुरता का ||4||

नीड़ बसे उड़ते कुछ ऊपर मस्त बने सब व्योम बिहारी
स्वागत कारण पंख प्रसारण सुन्दर राग अलाप रहे थे,
भूप दशा लख दुःखित हाल यथा निज प्रीति उन्हें जतलाते
चोंच प्रहार किए फल फूल सभी नृप को मिल भेंट चढ़ाते ||5||

ढोल बजाकर व्याध कहीं कर मण्डल जंगल में फिरते थे
दौड़ रहे मृग चौकड़ियाँ भर खंजन गंजन नैन चलाते,
वारसिंहा दल शावक साथ लिए निज योवन से मदमाते
शत्रु संहार क्रिया वन उद्यत सज्जित शस्त्र सुवीर यथा थे ||6||

काय विशाल लगूर चढ़े तरु तोड़ रहे फल निर्दय से थे
चाख रहे कुछ पक्व हरे वह दाँत दिखा कर फेंक रहे थे,
अन्ध गुफा वन जीव पड़े कुछ चंचल नैन चलाचल से थे
आंख बनी पर दीपशिखा धनहीन गृहीपन पाल रहे से ||7||

बीहड़ जंगल बीच गए अति भीषणता लगती जिसमें थी
मत्स्य क्रिया युत न्याय जंहा पर नीति यहीं तक सीमित सी थी,
थे पर निर्भय वे चलते जिमि कोष पढ़ा नहीं भीति कहीं था
जंगल भीषण दानवता परिपूर्ण बना मय दानव सा था ||8||

थे गज सिंह लड़ें घनघोर घटा भिड़ती जिमि आपस में हो
शेर चढ़ा गज मस्तक तो गज सूंड लपेट रहा उसको है,
कृष्ण भयानक घोर घटा पर नाचत चंचल है चपला ज्यों
दाँत भयानक वारण के मृगराज विदारण थे उठते त्यों ||9||

गण्ड विदारण में रत शेर बहे मद मस्त बड़ा जिससे था
मौक्तिक फेंक रहे जिमि कम्पन था भय लालच की दुविधा का,
खूब दहाड़ रहे हरि भीषण तो गज घोर चिंघाड़ करें थे
आपस में निज शत्रु क्रियारत ठीक सतर्क बने जगते थे ||10||

दीर्घ शरीर बड़े भयदायक भीषण भैंस गिरोह बना के
जो यम वाहन से निज भीषणतापन से वन को दहलाके,
लाल अंगार किए वह आँख यथावन वासिन को जतलाते
दूत बने यम के तुम को शुभ मार्ग व ज्ञान यही बतलाते ||11||

गण्डक मस्त बनें चलते अतिकाय पड़े बहु व्याल जहाँ थे
शैवल राशि जमी जिनके प्रति अंग विराजत व्योम लगे थे,
पात किए बहु ढेर कहीं पर आलय सांप जंहा पड़ते थे
मन्द हुआ यदि शब्द कहीं निज शस्त्र संभाल सतर्क बने थे ||12||

वृक्ष विशाल बने वनमानस के घर झांक रहे जिनसे थे
नग्न कुरूप जटामय दाँत दिखाकर भीषण हूक रहे थे,
सूकर घोण करें घुर घोर व नागर मोथ को पाट रहे थे
श्रान्त हुए निज मण्डल को कर मण्डल बीच वराह धरे थे ||13||

तो कुछ पास सरोवर में पड़ते मथ कज्जल सा करते थे
घर्षण तीव्र अनोहक सेकर दाँत दिखाकर वह फरसे से,
चीर रहे कुछ शाल भले बन कातिल दानव से गरजे थे
आनन फानन काल क्रियारत पाट रहे जब भूहल से थे ||14||

कोग समूह बनाकर पंक्ति चले जग नापन की विधि से थे
भल्लुक भूक रहे तरु तोड़त मोड़त गुल्म हरे विकसे थे,
कौशिक घूक रहे दिन में तम तोरण वृक्ष बने लगते थे
गोप वधूटि व जोगिन मन्द प्रकाश करें कुछ तारक से थे ||15||

सेमल कोंपल तोड़ रहे गज शावक आपस में भिड़ते थे
शुण्ड उठाकर वे छड़ि से फिर बैर भरे सम वे लड़ते थे,
शत्रु तभी निज मित्र बने फिर शीघ्र वही सब शत्रु बने थे
बाल-चरित्र रचाकर शोभन नाच रहे घन जंगल में थे ||16||

गर्त भरे जलपात पड़े सड़ते बहुकीट कृमि जिनमें थे
आनन ओज प्रकाश किए कुछ व्याल विशाल फणीधर भी थे,
थे लड़ते फण फाड़ फणीधर सींकरते अति क्रोध भरे थे
तोड़ मरोड़ रहे तरु गुल्म खड़े जब आपस में लड़ते थे ||17||

दूर गए अति नाम निशान न जंगल में तरु वीरुध का था
शीत भयानक काँपत थे वह आसन सा वन घास बिछा था,
थार जहाँ मदमस्त बने निज प्रेयसी प्रेरित झूम रहे थे
वरड़ानन भार दबे अति दीर्घ विषाण उठा चलते थे ||18||

घास चरें मृग चौकड़ियां भर शावक थे रत खेल सलौने
भीत कभी सुख युक्त कभी तज वैर वहीं वह शंकित सोते,
चाट रहे शिशु दूध पिलाकर प्यार जताकर मस्त बने थे
आपस में रत स्नेह भरे तब खेल विचित्र विनोद भरे थे ||19||

दौड़ रहे फिर लौट रहे कुछ घेर रहे तब शोर भरे वे
देख विनोद वहाँ तब नैषधराज बने जिमि चित्र लिखे से,
सोच रहे जब बालक हाय ! तजे हमने निज क्रूर क्रिया से
जान सके कब भाग्य विडम्बन मानव जो परमार्थ तजे हैं ||21||

शुभ्र सुशोभित पर्वत थे लगते हिम से रजतालय पूरे
और बहा कर रौप्यमयी जलधार सुसौरभ पद्म बिखेरे,
ताल कहीं पर वारि भरे कुछ नील व रक्तिम पद्म भरे थे
दोल रहे मकरन्द भरे तब मन्द द्विरेफ सुगूँज रहे थे ||21||

जंगल वृक्ष लता लिपटी सजते उसमें बहु पुष्प खिले थे
राज रही लिपटी जिमिनायक को भर अंक सुहार दबी सी,
घूंघट में स्मित है खिलते मिस पुष्प बहार बिखेर रहे थे
प्यार अनन्त बिखेर रहे प्रिय हास प्रहास द्विरेफ लिए थे ||22||

पात सुकोमल वृक्ष सजे मदमस्त सुझूम रहे वन में थे
गुल्म वहाँ लगते जिमि बालक नाच रहे गल पुष्प सजे से,
और भली खग की चहचाहट गीत प्रयास यथा लगती थी
भाव विभोर बने वन वृक्ष वहाँ यह कौतुक देख रहे थे ||23||

हास विलास करें भ्रमराडॅत पुष्प झुके जिमि सज्जित हो के
घास बिछा चहुँ ओर सुकोमल पुष्प वहाँ शतरगं खिले थे,
चित्र-विचित्र रचे बहु चित्र यथा जग रूप विशेष चितेरे
और कहीं पर प्रस्तर ढेर सजे बिखरे चहुँ ओर घनेरे ||24||

औषधियाँ विविधा वन थाच भरी अति सौरभ युक्त वहाँ थी
सौरभ से वन मस्त वहीं पर वे मदमस्त यथा लगते थे,
धूप निनाइ जड़ें अरु बेसर फूल खिले गरलान्वित मौरा
वोद मुनाल चकोर वनौषधियाँ फरड़ादि विशेष वहाँ थी ||25||

नल व्याकुल थे प्रियदीन दशा
लख सोच रहे मन ही मन में,
भटके निज जीवन को स्थिरता
किस भाँति दिला सकते अब हैं ||26||

जब बीहड़ जंगल पार किया
वह वृक्ष विहीन अरण्य गए,
चहुँ ओर सुगंध बिखेर रहे
बहु पुष्प खिले मकरन्द भरे ||27||

लख मस्त हुए नल सौरभ से
कुछ व्याकुल थे तब भूख भरे,
चलते चलते मुख सूख गया
तब भीम-सुता लख त्रस्त हुए ||28||

अशनादि क्रिया तज बीत गया
बहुकाल यदा उनको वन में,
कलि कोमल सा मुरझा मुखड़ा
घन बीच छिपा शशि बिम्ब यथा ||29||

कुश आसन छाँह टिके तरु के
तन ढापन को उसके छिलके,
उपवास किया फल वारि बिना
चहुँ ओर निशातम व्याप्त घना ||30||

स्व-भुजा उपवह बना वन में
चमके कुछ तारक थे नभ में,
निज स्नेह कथानक थे कहते
मधु पात्र परस्पर वे भरते ||31||

पय पान नहीं गृह-राज्य छिना
फल भी वन के सब कीट भरे,
अब कन्द वहाँ निज रूप छिपा
विष युक्त सभी लगते उनको ||32||

कलि क्लेशित जीवन ही अब तो
बस भार यथा लगता नृप को,
पर साधन तो तन पोषण के
न उन्हें अब प्राप्त कहीं वन में ||33||

इस भाँति बुभुक्षित त्रासित वे
दिन काट रहे वन में अब थे,
न गुफा मिलती तब वृक्ष तले
कुश आसन डाल कहीं पड़ते ||34||

दिन एक न भोजन को कुछ भी
नल भूपति को जब प्राप्त हुआ,
तन वस्त्र उतार बिछावन में
खग हेतु किया नृप यत्न तदा ||35||

पर भाग्य विडम्बित थे नल तो
खग वस्त्र समेत उडे नभ में,
बहु यत्न किया पर वस्त्र गया
तब नग्न हुए तन थे फिरते ||36||

उस काल बुभुक्षित ही वन में
सुअनोहक के तल लेट गये,
उठते बहु भाव विदग्ध तदा
अति त्रस्त सुतप्त हुए मन में ||37||

पंचम सर्ग

दमयन्ती व्याकुलता

सोये दोनों सघन तरु की छाँह में स्नेह से थे
गाढ़ालिङ्गी बन दुःखित भी मग्न आनन्द में थे
भूले से थे निज विषमता दीनता खो चुके थे
सोये उन्मीलित नयन से नींद की गोद में वे ॥1॥

सूना सारा विपिन तल ही रात को था जताता
झीने-झीने उडुगन लिए व्योम भी था लुभाता
धीरे-धीरे हिमकर चले व्योम से अस्त होने
आया था वायु मलयज का ब्रह्म बेला जताने ॥2॥

भैमी तो थी सुरभि बहती वायु में मस्त सोती
मीठी निद्रा मुकुलित हुए नेत्र ही थे बताते
आंखे खोले नल नियति की क्रूरता सोचते थे
यों ही बीते समय पर वे दृष्टि भी डालते थे ॥3॥

मैं तो काली निज कृति स्वयं भोगता हूँ खुशी से
भैमी का भी इस जगत का सौख्य खोया सभी है
यों ही घूमें यदि विपिन में लक्ष्य ही छोड़ बैठें
कैसे होगी फिर निज क्रिया पूर्ण ऐसी दशा में ॥4॥

देवों का भी वरण जिसने त्याग डाला खुशी से
इन्द्राणी का पद सरलता से दिया त्याग यों ही
छोड़ा था मोह धनपति के उच्च ऐश्वर्य का भी
ऐसी प्यारी सरल गति की ठोकरें आज खाती ||5||

सामाज्ञी नैषध-नृपति की जो बिना यान थोड़ा
भी जाती थीं न उपवन में घूमने छोड़ घोड़ा
भूखे प्यासे गिरिवन गुफा में किया है बसेरा
सोई है भूतल पर पड़ी पा सकी है न डेरा ||6||

मेवे मीठे फल सुलभ भी नित्य ही सौध में थे
पक्वानों से हृदय भरता छोड़ते भी सदा थे
रूखे सूखे फल न अब हमको अन्न हैं प्राप्त होते
हा! हा! कैसा समय बदला भूख से आज रोते ||7||

तीखे रूखे फल कठिनता से मिलें जो कहीं भी
कीटों वाले अति गलित या पक्व भी हों नहीं जो
भूखों को शासन समय तो राज्य में ढूँढके भी
पाया जाता न अब वन में देख ली भूख देवी ||8||

रत्नों से थे जटित तब तो पात्र निष्ठ्यूत वाले
पानी पीने हित न हमको प्राप्त हैं पात्र काले
चीनी वस्त्रों पर शयन थे हा! करें शुभ्रा शय्या
में हैं सोये अब धरणि में बल्कलों की तलैय्या ||9||

वस्त्रों की थी न कुछ गणना रत्न जिनमें जड़े थे
लाखों थे भूषण महल था दास दासी खड़े थे
पाते हैं हा! न अब ढकने अंग प्रत्यङ्ग भी तो
मैली होती पहन चलते शाटिका एक ही है ||10||

छिद्रों की तो न कुछ गणना शाटिका तार सी है
कष्टों का तो न कुछ कहना जिन्दगी भार सी है
दीनों को थे नित उठ उषा काल में वस्त्र बाटें
ढेरी में से चलकर स्वयं दीन ही छांटते थे ||11||

केसे कैसे वचन सुनने को मिले राज्य में थे
जाना मैनें तब निज प्रजा स्नेह मेरे लिए जो
रोते से थे कथन उनके भूप के हेतु ही तो
हा! मैनें द्यूत रत बनके क्लेश बांटा सभी को ||12||

ऐसे प्यारे वचन उनके जो सुने मार्ग में थे
कैसी ऊँची निज नृपति के ही लिए धारणा थी
मीठे प्यारे तब हृदय उद्गार ही तो सुने थे
जाना मैनें अमित उनका प्यार जो चित में था ||13||

ऐसा राजा इस अवनि में है गुणागार ज्ञानी
ढूँढें से भी न मिल सकता शूर विद्वान दानी
सारे ही तो अमर गण से उच्च ही मानते हैं
आर्यों के ही न सब जग के भूप भी जानते हैं ||14||

अन्धे पंगू हित नृपति ने था सदावर्त खोला
भक्तों का भी अमर भवनों में लगे नित्य मेला
यात्री आते यदि उधर से तो बनी धर्मशाला
थी योगी के हित अलग ही निर्मिता पर्णशाला ||15||

खाने के भी उचित सबके योग्य थी वस्तु होती
बाँटें जाते गमन करते थे उन्हें रत्न मोती
यानों से भी उचित सबका मान थे वे बढ़ाते
हाथी घोड़े रथ अमित वे भेंट में थे चढ़ाते ||16||

वाप्यारामा पथिक श्रम के शान्ति को थे बनाए
सत्रागारा अशन करने के लिए थे सजाए
वाद्यों का भी उचित जिनमें काल के हेतु होता
गाना प्यारा प्रति हृदय को भक्ति विश्वास देता ||17||

मार्ग मार्ग अगद सबके हेतु थी शक्तिशाली
बाँटी जाती प्रति पथिक को वे सदा पुष्टि वाली
रोगों के तो इस नृपति के राज्य में नाम सारे
वैद्यों को ही बस विदित हैं पुस्तकों के सहारे ||18||

नारी की तो अमित समझो शक्ति ही राज्य में हैं
शूरा ही वे प्रबल उनकी विद्वता भी सुहाती
सत्याशीला पति हृदय की पूर्णज्ञाता सभी हैं
स्वामी इच्छा हित सब तजै सौख्य को भी तभी हैं ||19||

गार्गी मैत्री सदृश विदुषी नारियाँ भी यहाँ हैं
आत्म ज्ञाने निरत रहती कर्मशीला यहाँ हैं
विद्या हीना विरल मिलती भी कहीं जो यहाँ हैं
वे भी स्वामी चरण-रज से तृप्त होती यहाँ हैं ||20||

शिक्षा का भी विषय सबका उच्च आध्यात्म का है
सारा ही भारत निलय ही ज्ञान विज्ञान का है
विज्ञानी है अमित विषयों के यहाँ तत्व ज्ञाता
जीवों का सौख्य बस जिनकी खोज का ध्येय होता ||21||

शिक्षा में हैं सब जन यहाँ ज्ञान आगार ही तो
विद्या ऐसी जगति तल में मानवों का भला हो
सादा हो जीवन जगत में उच्च हों भाव सीधे
बच्चा बच्चा सरल मन का कामना शून्य जैसा ||22||

काया का ध्यान बस धरते हैं इसी कामना से
आत्मा होगी प्रबल जिसमें देवता भाव वाली
ऐसे सारे जगति जन ही मानवी भाव वाले
जाता बाह्याकृति पर नहीं ध्यान भी श्वेत काले ||23||

योगी भोगी सब जन सुखी पूर्ण आनन्द में हैं
विज्ञानी हैं पशुजगत के देव से भूप भी है
पेड़ों पौधों प्रकृति पथ के पूर्ण ज्ञाता यहाँ हैं
विश्वासी हैं प्रभु चरण में पूर्ण आस्था लिए जो ||24||

हा! सोचों से शिथिल नल को नींद आती नहीं थी
रानी तो निश्चित तनमना साथ सोयी हुई थी
सोचा ऐसा विचलित दशा में पड़े जी सकेंगे
होंगे यों ही विदलित दशा जीवनोद्देश्य सारे ||25||

घूमेंगे जो वन-वन वृथा लाभ होगा हमें क्या
बीते जाते निशि दिन सभी पेट की पूर्ति में ही
न्यायाकांक्षा सहित जग में जन्म साफल्य चाहें
तो होगा ही विषम स्थिति से सामना भी सदा ही ||26||

हो यों संत्रस्त नल मन में क्या करुगाँ वनों में
रानी भी साथ यदि चलती तो सभी जान लेंगे
मेरा कोई नियमित नहीं कार्य होगा कहीं भी
चिन्ता में व्यर्थ पड़ करके काल खोता यहाँ मैं ||27||

यों भावों में रमित नल ने विस्मृति के क्षणों में
कष्टों वाली अति द्रवित की आर्त वाणी सुनी थी
ऐसी ही तो सुन सुन दुःखी की पुकारें भयार्ता
आओ आओ नल अनत्न से प्राण मेरे बचाओ ||28||

भूले से विस्मृति पथ पड़े दौड़ते भागते ही
छोड़े जाते निज प्रियतमा नैषधाधीश यों ही
ऐसा ही मानव जब दुःखों से घिरा हो समन्तात्
होती है धी विकृत उसकी न्याय भी भूल जाता ||29||

निज नग्न दशा लख भूप तदा
दम की स्वसु के तन से तब ही,
झट फाड़ दिया तन चीर वहीं
तब अर्द्ध स्वयं वह ओड़ चले ||30||

हा! ऐसे में नल नृपति की जो दशा हो गई थी
भूले कर्तव्य पथ तब थे सुप्त को छोड़ भागे,
तूफानी भाव तब नल के चित में यों गुंथे थे
भिन्ना भिन्ना अमित लतिकाएं गुँथी हों अनोखी ||31||

भूले से विस्मृति पथ पड़े भूप थे शून्य जैसे
हो जाती है जब जड़ दशा तो यही हाल होता,
भागे जाते नल विपिन में देखते थे समन्तात्
सत्यान्वेषी सब कुछ तजे जा रहे भाव भूले ||32||

आगे दावानल जल रहा घेर के जंगलों को
जीवों के भी परित लपटें अग्नि की दीखती थी
सारे ही तो त्रसित वन के जीव संतप्त ही थे
भारी कोलाहल अवनि-कारुण्य को था जगाता ||33||

ज्वाला देखी अनल-नल ने ध्वंसकारी वहां थी
चारों कोनो प्रवल जलती आग संतापकारी
भूला सा विस्मृति पथ पड़ा दौड़ता भागता ही
जीवों का क्रन्दन चहुँ दिशाओं समाया हुआ था ||34||

भाई राजा नल नृपति जो दौड़ के आ सको तो

होगी रक्षा अनल भय से पुण्यशाली बनोगे

मेरा भारी तन यह मुझे बोझ ही तो बना है

आके जल्दी इस विपत से भूप प्यारे बचाओ ||35||

दीना हीना दलित जन की जो कृपाकांक्षिणी थी

ऐसी वाणी सुनकर हुए भूप चैतन्य से थे

देखा दावानल जल रहा कोप संयुक्त ही तो

दीनों की भी लखकर नहीं थी कृपा चित्त में हा ||36||

देखा कर्कोटक तड़फता अग्नि का ग्रास होता

ज्वाला जालाकृत विकटता से घिरा जो समन्तात्

दौड़ो दौड़ो मुझ विकल को आज कोई बचाओ

मेरी कोई मदद कर लो अग्नि आके बुझाओ ||37||

दौड़ा जाता उलट फिरता भागता लोटता था

वाणी भारी करुण उसकी दीनता से पगी थी

दौड़े दौड़े हरिण दल भी आग को फांद आते

कोई थोड़े अधजल हुए चीखते दौड़ते थे ||38||

छोटे छोटे मृगशिशु वहां भीत आपत्ति में थे

माताएं भी उधर उनकी अग्नि को फांद आती

पीछे देख निज शिशु वहीं लौटती चीखतीं थी

दावा में यों शिशु सहित ही भस्म भी हो रही थीं ||39||

हा ! हा ! प्यारे सरल विरली कातरा दृष्टि से थे
देखें माता उधर फिरती बावली हो रही थी
छोटे छोटे कलभ गज के त्रस्त हो दौड़ते थे
अंगो में थी जलन ममता जीव की थी सभी में ||40||

वृक्षों में जो बिहग रचके नीड़ आनन्द में थे
चींचीं चुँचुँ कर उड़ रहे घोंसलें त्यागते वे
नीड़ों वाले सरल मति के शावकों को बुलाते
नीचे ऊँचे उड़कर वहीं धूम में घूमते थे ||41||

हाहाकारी प्रलय लपटें अग्नि की शालती थीं
काली धूम्रा विविध रसना प्राण को घालती थी
छोटे मोटे सब तरह के जीव थे नष्ट होते
हा! हा! खाते वनचर सभी आग को लाँघतें थे ||42||

प्यारी प्यारी विकच सुमनों से भरी थीं लताएँ
गाते गाते भम्रर जिनको लोरियां थे सुनाते
मीठी मीठी सुरभि जिनकी वायु को भी लुभाती
वृक्षों के ही सहित सब वे अग्नि का हव्य होती ||43||

ग्रासाच्छन्ना हरित वन थे जो चतुर्दिक सुहाते
नाना पुष्पों सहित जिनकी थी छटा ही निराली
मानो इन्द्रायुधशर चढ़ा अग्नि को रोकता था
जीवों को देखकर करुणा से भरा रोकता था ||44||

ऐसी धू धू कर जल रही अग्नि थी जो वनों में
सारा ही तो वन गहन ही ग्रास होता वहाँ था
जीवों वृक्षों सहित लतिकाएँ तथा औषधी भी
सारी देखी उस विपिन की नाश होती क्षणों में ||45||

थे राजा तो अनल भय से मुक्त आशीष द्वारा
सीधे दावानल तब घुसे और देखी दशा थी
हा हा कर्कोटक कर रहा अग्नि संतप्त होता
ज्यों ही राजा नल वह बचाया दिया दंश भारी ||46||

नल का बदला प्रिय रुप तभी
कार्कोटक ने जब दंश दिया
निज रूप कुरूप लगा जब ही
अति खिन्न हुए नल थे तब ही ||47||

नल ने जल में निज रूप लखा
बस काल यथा लगते तब थे
न स्वयं निज को पहचान सके
विकृतानन अंग विपन्न यथा ||48||

नल ने अति क्षोभित होकर के
कर्कोटक को तब दुःख भरे
अति खिन्न मना तब दीन बने
" प्रभु रुठ गए " यह वाक्य कहा ||49||

बदला यह क्या उपकार भरा
तुमने मुझको तत्काल दिया
यह न्याय किया तुमने मुझसे
अथवा मम भाग्य कथा कह दी ||50||

उपकार किया अपकार मिला
जगदीश यही वरदान फला
यह सर्प भला कर क्या सकता
यदि प्रेरित दैव नहीं करता ||51||

मन में यह सोच, रही नित ही
शुभ कार्य न त्याग रहूँ जग में
अतिकष्ट भले नवरुप धरें
नल में प्रतिशोध नहीं उभरे ||52||

प्रियभ्रात रहा नित पुष्कर भी
जिसने यह दीन दशा कर दी
प्रतिशोध न चित्त उठा पल भी
अति रोष हुआ मन में अब क्यों ||53||

अति क्लेश भरे दुःख दैन्य सने
नल की दयनीय दशा लख के
पल को कर्कोटक भी सहमा
सुन वाक्य सरोष भरे नल के ||54||

कर्कोटक ने तब शान्त मना
सुख स्नेह भरे नल के प्रति यों
कहके प्रियवाक्य विनोद भरे
सुख शान्ति प्रदान यथा कर दी ॥55॥

ममदंश यही उपकार भरा
तुमको वन त्याग लिए पथ है
ऋतुपर्ण नरेश भरी नगरी
तववास् लिए अति ही शुभ है ॥56॥

वह द्यूत प्रवीण नरेशभला
उपकार भरा मन है उसका
वह दीन दुःखी जन मानस को
शतकल्प अनोहक सा सजता ॥57॥

तव रुप कुरुप किया पहले
यह देव समाज कहा मुझसे
उपकार करो नल भूप लिए
वनवास तजो तब ही शुभ है ॥58॥

ऋतुपर्ण नहीं पहचान सकें
सच ही बदली इस आकृति में
यह रुप तदा सुख कारण ही
तुम भी छिप कालव्यतीत करो ॥59॥

दिन सौख्य भरे तुमको जग में
अति शीघ्र मिलें प्रभु पुण्य कृपा
करके यह धारण वस्त्र भला
जिसको अब सौंप रहा तुमको ||60||

जब ही निज रुप स्वरुप लिए
मन में अभिलाष हुलास उठे
यह वस्त्र भला सुख से पहनो
तब रुप न लुप्त रहे फल भी ||61||

नृप श्रेष्ठ यही ममदंश कभी
तुमको हित-हीन न हो सकता
कलिदेव बसे तब अन्दर जो
विष से जलते नित दग्ध रहे ||62||

यह कष्ट अतीव असह्य यदा
कलि में अति व्याकुलता भर के
तन छोड़ नहीं पछताव करे
विष दग्ध बना अति क्षीण रहें ||63||

अति दग्ध हुआ विष-दंश जला ||
कलि त्याग यदा तुमको न करे
यह रुप तदा वरदान यथा
नित ही सुख युक्त रहे तुमको ||64||

सुख भोग मिले तुमको तब ही
जब ही कलि की मतिशुद्ध बने
परपीड़न के मन से उसके
निकलें जब ही सबभाव बुरे ||65||

मम दंश लिए तुम क्रोधित हो
अपकार न था यह जान कभी
शुभ भाव अवश्य उठें तब तो
निज मिल लिए सुख से मन में ||66||

ऋतुपर्ण सभा यदि आप अभी
परिवर्तित-रूप उपस्थित हों
रथ-चालन के गुण से अपने
मनवान्छित ही फल प्राप्त करो ||67||

ऋतुपर्ण नरेश सभासद हो
कलित्याग प्रतिक्षीत हो रहना
जब क्लेशित हो कलित्याग करे
सुख सौख्य भरे तब जीवन में ||68||

सच ही निज रूप सुगन्ध लिए
स्वप्रियारत हो सकते तब ही
कर्कोटक की तब मान कृपा
नल प्रस्थित होकर मार्ग बढे ||69||

चलते बढ़ते ऋतुपर्ण सभा
जब प्राप्त हुई नल भूपति को
निज लुप्त स्वरूप लिए तब थे
पहचान सके न सभासद थे ||70||

निज का तब वाहुक नाम कहा
रथ चालन अश्व प्रवीण कला
रसपाक अनन्य सुशिल्प कला
विषये गति सूक्ष्म विशेष कही ||71||

सुन बात कहा, नृप ने नल को
यह जीवल अश्व प्रचालक है
तब शासन में सह अश्व रहे
नित वेतन स्वर्ण सहस्त्र रहे ||72||

अति आदर पाकर भूप तदा
निज जीवन-काल व्यतीत करें
निज गुप्त दशा पर सोच भरे
अति कल्पित हो रहते तब थे ||73||

षष्ठम् सर्ग
चेदी राज में सैरन्धी

जबकि नयन खोले नींद से जागती ने
सभ्रम विकल बैठी देखती उन्मना थी।
विकल सकल दिक् थी देखती सोचती जो
जलफल कुछ लाने क्या गये प्राण प्यारे ||1||

हृदय उछलता था छोड़ता चेतना था
पल पल लगता था कल्प सा दुःखिनी को।
इस विधि वह बैठी सोचती थी कभी यों
परमधन सहारे छोड़ के या गयें हैं ||2||

प्रहर सरल नारी का हुआ व्यथ यों ही
हृदय समझ बैठा छोड़ के वे गये हैं।
फिर विलख उठी उन्मत सी जो बनी थी
उधर उधर ढूढें यों पुकार हुई थी ||3||

मन कुमुद विकासी चन्द्र मेरे कहाँ हो
सघन तम विनाशी हे? सितारे कहाँ हो।
विदलित अवला के हा? सहारे कहाँ हो
अयि विपत उभारी प्राण प्यारे कहाँ हो ||4||

परजन दुःखहारी सौख्यकारी कहाँ हो
विपत विलखती के त्राणकारी कहाँ हो।
अवल हृदय रक्षी सत्व वाले कहाँ हो
इस विकल चकोरी के अंगारे कहाँ हो ||5||

विटप इस लता के स्नेहशाली कहाँ हो
जलबिन मुरझाई की जलेरी कहाँ हो।
विचलित पथभ्रष्टा के इशारे कहाँ हो
उपयमन प्रतिज्ञा के पुजारी कहाँ हो ||6||

इस उजड़ पुरी की छत्रछाया कहाँ हो
मन कमल बिहारी पीतवासी कहाँ हो।
विकल इस अकेली के सहारे कहाँ हो
उपयमन प्रतिज्ञा के पुजारी कहाँ हो ||7||

सदय सजल नेत्रों के रसीले कहाँ हो
सुपलक नयनों के हे छबीले कहाँ हो।
हृदय नव बलाका का रूप वाले कहाँ हो
प्रकृति पट विलासी सौम्य मेरे कहाँ हो ||8||

हृदय घन निवासी विज्जु रेखा कहाँ हो
मधु ऋतु मदमाती कूक मेरी कहाँ हो।
तड़प फिरत प्यासी मेघ मेरे कहाँ हो
धुरव उड्डुप दिशा के ज्ञानकारी कहाँ हो ||9||

मम तन बसती हा? आत्म-शक्ति विहारी
पुलक हृदय देती स्पर्श-शिंकित सुन्यारी।
नयन प्रिय रहे हो सत्य-साक्षी सदा ही
विनय वन बसे जो मानवी रूपधारी ||10||

बनकर जग में तो धैर्यशाली रहेंगे
निज कथन यही क्यों छोड़ भागे वनों से।
जगति विभव प्यारा था नहीं प्राण प्यारे
मनसि से तनिक भी तो कामना थी न अन्या ||11||

सदय हृदय वाले स्नेह-आबद्ध मूर्ति
लख किस मुहँ को मैं ला सकूँ स्नेह स्फूर्ति।
मम प्रियतर आत्मा का सहारा कहाँ है?
परम रस पिपासा स्नेह प्याला कहाँ है? ||12||

शुभ पथ पर चलने से कभी रोकती थी?
जिस पथ चलते थे क्या कभी टोकती थी?
सरल हृदय के वे प्राण-प्यारे कहाँ है?
प्रकृति रसिक मेरे नाथ हा? हा? कहाँ है? ||13||

अति कठिन बने क्यों छोड़ के जो गए हो?
सुदृढ़ विहित नाता तोड़ के क्यों गए हो?
कठिन वन अकेली किंकरी रो रही है
आर्य! अमित कृपा की क्या प्रथा छोड़ दी है ||14||

यदि कुछ अपराधी जानते ही मुझे थे
सरल सरिणि के भी ज्ञान दाता प्रभो ! थे।
उस कठिन क्रिया का जो नहीं मार्ग पाती
फिर फिर उसमें ही मैं कड़ा ध्यान देती ॥15॥

चपल हरिण धूमें जंगलों में सदा हो
मुझ हत विधि का क्या भाग्य देखा किसी ने।
अयि चल लतिके तू ही बता दे कहाँ वे
निज कर कर आगे शंकिता हो रही क्यों? ॥16॥

जगति मुझ निशा का चन्द्र कुहू बना क्या
असफल वनिता का ह्रास शुक्रास्त है या?
विभव रहित होके दीनता ग्रस्त जैसी
तन मन धन से भी हीन जैसी बनी हूँ ॥17॥

मुझ नयन बिना के नेत्र कोई बताओ
अतिशय जड़ सी की औषधी ही बताओ।
तड़फत शफरी को वारि कोई बताओ
जलमय बनती की पार नैया लगाओ ॥18॥

अमित अधम जाना नाथ ने साथ छोड़ा
कुमुद-कुल-विकासी क्यों क्रिया स्तम्भ तोड़ा।
अविरल जल धारा नेत्र से हूँ बहाती
सतत अति पुकारे क्या दया है न आती? ॥19॥

भय जनक अरण्ये छोड़ भागे मुझे क्यों?
विरह विकल दासी यों अकेली तजी क्यों।
सदय मन बनाया क्यों न प्यारे दुलारे
तज तुम किसके हो छोड़ भागे सहारे ||20||

प्रणय पथ दिखाया क्यों मुझे पूर्व आके
सघन वन तजा है साथ में नाथ लाकें।
यह कितब जनों की वृति जो आज आई
सरल हृदय में भी भावना वाम आई ||21||

सब कुछ तज के भी साथ आई हुई थी
फल जल पर भी तो सौख्य को पा गई थी।
वन-वन फिरती भी भाग्यशाली बड़ी थी
सफल समझती थी जन्म की जो घड़ी थीं ||22||

यह विटप वही है साथ सोए जहाँ थे
इस कुश पर बैठे नाथ मेरे यहाँ थे।
यह सब जल लाने के पड़े पत्र भी हैं
पर सब प्रिय प्यारे के स्मृति मात्र ही हैं ||23||

तन मन धन सौंपा हाथ में था तुम्हारे
सब कुछ अबला के एक ही थे सहारे।
यदि इस वन में यों छोड़ना दीन को था
बिन जल तड़फाना शोभता मीन को था ||24||

तब निज कर दानी दान से क्यों झुकाया
कर कृपण वही क्यों आज प्यारे बनाया।
यदि कृपण बनाया था दया का बनाते
वन कृपण कृपा से प्राण ही तो नशाते ||25||

अति विकल बनी जो लौटती दौड़ती थी
बिलखत वन जीवों से कभी पूछती थी।
अयि विहग जनों क्या नाथ देखे किसी ने
इस विकल कला की आस देखी किसी ने ||26||

प्रियतम परित्यक्ता को कहीं से मिला दो
अमृत विजय का ला दुःखिनी को पिलाओ।
अयि भ्रमर विलासी घूमता गुनगुनाए
मुझ विरहिन का क्या प्रेम संदेश लाए ||27||

सचमुच कुछ ऐसे दोष होंगे तभी तो
प्रियतम तज भागे यों अकेली वनों में।
समझ कुछ न आता क्यों गए प्राण प्यारे
लख कर मुझ दीना को वनों में दुःखी थे ||28||

प्रियवर नित ही तो देख मेरी दशा को
विकल सरल होते दीनता से सदा ही।
निज मन की ही भावना में बर्धे से
तब समझ रहे थे क्लेश संतप्त ही तो ||29||

अतुलित विकला हूँ नाथ मेरे बुलाओ
विपिन अलख वाली ज्योति प्यारे जलाओ।
स्मितमय प्रियवाणी से प्रिया को रिझाओ
जलद बरसते हैं प्यास आके बुझाओ ॥30॥

तब तुम कहते थे स्नेह आलिङ्गनों में
अतुलित सुख-राशि हो चुकी हों वनों में।
अतिशय प्रिय मेरा कौमुदी कान्त नीका
विपद-घन-घिरा क्यों हो गया आज फीका ॥31॥

करूण रूदनशीला मत्त सी घूमती थी
उमड़ घुमड़ अश्रु वृष्टि आखें करें थी।
चपल हरिण जैसी देखती पागलों सी
बिलख बिलख रोती चेतना खो चुकी थी ॥32॥

जब अचेतन थी वन में पड़ी
विफल जीवन की लगती घड़ी।
चपल अस्थिर उन्मन से बने
सदयनीय दशा उसकी सने ॥33॥

तज परस्पर बैर व्यथा भरे
समृगराज वहीं मृग थे खड़े।
स्मृति विहीन हुए सब चित्र से
अति अशक्त बने तब तत्र थे ॥34॥

विहग भूल चले निज बोलियाँ
हरिण भूल चले निज टोलियाँ।
न तृण थे गहते तब उन्मने
चपलता तज पागल से बने ||35||

सुरभि नायक एण खड़े हुए
पलक चालन विस्मृति में पड़े।
निज सुगन्धि बनी जिनको व्यथा
तज चले अब थे उसकी कथा ||36||

हृदय शून्य अशक्त विरक्त से
विपिन में चहुँ ओर सभी वहाँ।
सतत व्याकुलही जड़ जीव से
विवश सी जब चेतन हीन थी ||37||

लग रहे थे सब प्राण विहीन थे
न जड़ चेतन में कुछ भेद था।
लख तदा दयनीय दशा भरी
प्रकृति भी जिमि स्वत्व विहीन थी ||38||

सुमन के रस हेतु सदैव ही
भ्रमर गुंजन रंजन पुष्प का।
रूणुण भी करती मधुमक्षिका
सुन पड़े न कहीं सब स्तब्ध था ||39||

प्रकृति भी जड़ सी उस काल थी
लग रही रस हीन बनी धरा।
रस-पराग विहीन सुपुष्प से
प्रकृति का यह रूप विचित्र था ||40||

पलित पाण्डुर सी लतिकावनी
अमित दुःखित थी सुख की खनी।
अटल चंचलता तेज स्तब्ध थी
भर रही मन में दुख अबध थी ||41||

पलित पात गिरे वन अश्रु से
विकल अंग यथा दंश दंष्ट से।
शिथिल था तरूबन्धन भी पड़ा
पिघलता पुट हीन यथा घड़ा ||42||

विकल स्तब्ध बनी विदुरा धरा
तज स्व मण्डलकारमयी त्वरा।
हरितता जिमि भाग चली कहीं
रस विहीन बनी वन की मही ||43||

पवन संग खड़े दुःख की कथा
लख यथा तस को अति ही व्यथा।
न हिलते डुलते बस स्तब्ध थे
निज दशा पथ ज्ञान विहीन से ||44||

न वह रूप कभी निज कल्पना
जगत में जब देख सका कभी।
प्रकृति में बिखरी रमणीयता
न समझा सब लुप्त हुई कहाँ ||45||

प्रकष्टि वैभव की वह सौम्यता
सरसता कमनीय स्वरूप भी।
लग रहा अवशिष्ट अशेष हो
प्रकृति का वस अस्थि समूह ही ||46||

विविध रूप सदा वन भूमि में
प्रकृति के मन रंजक रूप में।
लख वहाँ पर है लगता यही
प्रकृति तो बस ध्वस्त स्वरूप है ||47||

सकल जीव डरें जिनसे सदा
वन विभीषक व्याघ्र वही यहाँ।
जड़ यथा मुख खोल खड़े हुए
वन अहिंसक जीव यथा लगें ||48||

न वन झिंगूर बोल रहे कहीं
सतत झिन झिन जो करते रहें।
बस अशेष व्यथा निज भूल के
अब समर्पित थे पर के लिए ||49||

तरणि-स्यन्दन स्तम्भित सा खड़ा
तज त्वरा कुछ भूल यथा पड़ा।
गगन से गिरता पड़ता लगे
अतुल चण्ड-प्रचण्ड हुआ जगे ||50||

तरणि तीव्र मयूरव समूह से
अरूण था मुहँ मण्डल हो चला।
पर अचेतन भीम सुता हुई
न कुछ जान सकी यह क्या हुआ ||51||

अहह? मौक्तिक जाल लिए हुए
अरूणाता पर स्वेद समूह का।
लख मयूर स्वपंख प्रसार के
कुछ सचेतन सा करता उसे ||52||

विहग जो मुँह में कुछ अन्न ले
उड़ रहे निज नीड़ समीप को।
अब वही सब मग में सब भूल के
जड़ बने निज भूल स्वरूप ही ||53||

अब न यावक चिन्तन शेष था
न कुछ आज यथा अवशेष था।
न अब शावक ही चुचकारते
विपिन ही जिमि चेतन हीन था ||54||

न भयभीत वहाँ पर वन्य थे
दम-स्वसा हित सर्व अनन्य थे।
कुछ सचेतनता हित जो लगे
समझते निज जीवन धन्य थे ||55||

विविध आश भरी जिसने कभी
यम सुरेश जलेश वरे नहीं।
अब वही प्रिय प्यार विहीन थी
जल समूह गिरा हिम हो यथा ||56||

अहह? जीवन का उपहास है
कि यह मानव का इतिहास है।
यदि कहें क्षण का बनवास है
फिर न जीवन की कुछ आश है ||57||

जगति द्वैत अद्वैत विचार से
सकल साधु समूह विगूढ़ है।
सफल मानव की इति कौन है
सुलभ ईश न पाहन मौन है ||58||

सतत सौख्य भरे जग कौन है
अथ तथा इति में सब मौन है।
जगत की यह व्यक्त दशा लखो
हृदय धीरज केन्द्र बना सको ||59||

तप रहा नभ मेघ विहीन था
रवि-प्रभाव प्रचण्ड न क्षीण था।
तब अचानक मेघ प्रचण्ड से
ढक गया नम का वह खण्ड था ||60||

प्रकृति की अब चेतनता जगी
पवन भी तब शीतल हो गया।
बरसना नभ से तब मेघ ने
कर दिया अनुगर्जन भाव से ||61||

गिर रहे जल बिन्दु सुमेघ के
समझ लो जिमि आनन के लिए।
कि झट चेतन हो नल की प्रिया
बन गए सब क्लेशित वन्य थे ||62||

जब उठी वह चेतन हो खड़ी
दलित कोमल कोंपल सी पड़ी।
हिम प्रताड़ित नीरज की कली
शिशिर शीत प्रताडन से दली ||63||

अलक बादल से मण्डरा रहे
अमित मूक व्यथा बरसा रहे।
हृदय सागर सूख चला सभी
नयन से वरसा निधि को अभी ||64||

पथ कहीं प्रिय का वन में वहीं
चपल एणा यथा वह ढूंडती।
न प्रिय का वन-नाम-निशान था
अब हुआ सुख का अवसान था ||65||

चल पड़ी असहाय भरी व्यथा
हृदय विदारक थी उसकी कथा।
जड़ बनी जब मानस की क्रिया
फिर कहाँ कुछ भी स्मृति मान है ||66||

जलज वारि बिना रवि ताप से
अधर त्यों झूलसे बिन आप से।
न अब बिम्ब यथा तुलना रही
विरह के दुख से सब ही गई ||67||

नयन अश्रु-बिना अब हीन थे
तड़फते पयशापित मीन थे।
हरिण शावक के उपमान की
कुछ वहाँ अब चंचलता न थी ||68||

प्रकृति-दत्त न पंकज लालिमा
बदन में अब थी अति कालिमा।
बस खड़ा वह अस्थि समूह था
समझना जिसको कि दुरूह था ||69||

चरण पंकज जो उपमान थे
धरणि दर्शन से अनजान थे।
विकल कण्टक छादित जाल थे
अमित ठोकर खाकर लाल थे ||70||

कुसुम सज्जित थी यह वाटिका
न यह है मन क्रय विक्रय हाट का।
कठिन है विधि लेख ललाट का
वसन जीर्ण फटी तन शाटिका ||71||

वन कथा सब पुस्तक में पढ़ी
उपवने समझी महलों बढ़ी।
वह निराश्रय है वन में यहाँ
प्रभु विचित्र विधान रचा महा ||72||

अतुल सुन्दर भीम सुता यही
अमर की चिर कांक्षित जो रही।
नल नरेश प्रिया वह है यही
समझ लो जग सार्थकता सही ||73||

भटकते जिमि बालक वृन्द हैं
पवन नाचत पाणि पतंग को।
पतन उन्नति में क्रम- वद्ध त्यों
झटकते निज कर्म मनुष्य को ||74||

जगत में सब ही निज कर्म की
कठिन रज्जू सुवद्ध हुए यहाँ।
समझते निज को सुखयुक्त त्यों
समझता शुक पंजर-वृद्ध ज्यों ||75||

अयि? नाथ किया अति तापित क्यों
घन जंगल बीच तजा विष ज्यों।
न स्वयम्बर मण्डप स्वीकृति का
कुछ ध्यान किया कुल की वृति का ||76||

प्रिय भाव रहा न, तजा वन में
मुझ दीन अभागिन आकुल को।
किस हेतु यहाँ तुम छोड़ गये
असिघात न प्राण लिए सुख से ||77||

सुख वैभव आश तजि प्रिय ने
प्रण पालन हेतु फिरे विपिने।
फिर मण्डप का प्रण क्यों वरजा
पथ नूतन क्यों वन में सिरजा ||78||

न कभी प्रिय के प्रतिकूल चली
बस ध्यान यही दिन रात रहा।
प्रभु त्याग अनाथ करें न मुझे
दुख दारूण भोग किए सुख से ||79||

वन में अति तापित होकर भी
जब नग्न प्रसाधन हीन रही।
तब शीत वुभुक्षित व्याकुल हो
न कभी कुछ क्षोभ हुआ मन में ||80||

जब साथ महीधर थे अपने
चिर सौख्य विधायक थे विपिने।
तन की मन की प्रण की प्रतिमा
तम जीवन में शशिकान्ति विभा ||81||

मन की प्रतिभामय आकुलता
सुख में दुख की भय व्याकुलता।
बस एक यही स्मृति आकर ही
मन में दु:ख अब्ध रही भरती ||82||

मुझसे कुछ यों व्यवहार न हो
जिसमें प्रियतापित हों न कभी।
मन में समझें न प्रिया दुख से
अति कातर ही वन में फिरती ||83||

सच ही मन में क्षण भी अपने
अविचार कभी न उठा दुख से।
न तथा यह भाव रहा क्षण भी
कि हुए मुझको पति तापित हैं ||84||

फिर क्यों तज हाय? गये वन में
यह भाग्य रहा अपना बिगड़ा।
तब ही अति उन्नत भाव भरे
नृप छोड़ गए वन में मुझको ||85||

अति धैर्य-धुरीण सुने जग में
जब हंस दिया यह भाव मुझे।
नल सा जग में गुण रूप दया
प्रिय भाव न अन्य मिलें नर में ||86||

सुख युक्त रही प्रिय प्यार सनी
गुणनागर थे प्रिय मानव भी।
न कभी पर-पीड़न को नृप के
जग भाव सुने न उठे कर ही ||87||

वह सत्य व सुन्दर रूप भरे
शिव भी यह मान प्रसन्न रही।
व्यवहार दशा जब साथ रही
शिव सत्य व सुन्दर रूप मिला ||88||

जब व्योम विहार स्वतंत्र सदा
वह हंस रहा नल के हित में।
अति स्नेहिल और उदार मना
गुण वर्णन में मद मस्त हुआ ||89||

वह हंस सुना कि प्रजापति का
प्रिय था नल भूप प्रभावित था।
न अलीक कभी वह हो सकता
मम भाग्य प्रभाव प्रहार हुआ ||90||

मिलता जग में प्रति मानव को
निजकर्म विपाक स्वतंत्र यहाँ।
कहता पर कष्ट यदा मिलता
समझा, अति निर्दय ईश्वर है ||91||

जब मानव वैभव युक्त यहाँ
सुत दार कुदुम्ब घिरा रहता।
तब ईश्वर धर्म व मानवता
सब इन्द्रिय भोग प्रच्छन्न रहैं ||92||

नल भूपति सा नर भी सुख में
रत द्यूत हुआ शुभ कर्म तजे।
फिर कष्ट पड़ा वन में अति तो
तज प्रेयसि भी तब लुप्त हुए ||93||

बिरले जग में मिलते नर हैं
निज कर्म विपाक कहैं दुख को।
प्रिय भी सच मानवता युत है
तब क्या अति व्याकुल थे दुख से ||94||

वन में जब थे लखते मुझको
अति ही तब क्लेशित थे लगते।
यह देख उन्हें कहती रहती
वन में न मुझे कुछ कष्ट यहाँ ||95||

पर वे कुढ़ने लगते मन में
यह भाव लिए कि हुआ दुःख जो।
उसमें बस कारण द्यूत रहा
न सुनी शुभ बात किसी नर की ||96||

चली तदा पागल सी निहारती
न ज्ञान था विश्व विभूति हीन हूँ।
आशा लता भीषण वायु वेग से
उन्मत होते अति त्रीव मेघ से ||97||

थी भग्न भैमी सब धैर्य धो चुकी
यथा स्वयं का सब स्वत्व खो चुकी।
विराग से राग पराग ज्यों उड़ा
हा! स्वर्णभासी पर श्वेतभाव था ||98||

जो रो रही थी अब अश्रु के बिना
व्यथा लिए नेत्र विभा न थी वहाँ
वेणी खुली केश नितम्ब चूमते
वायु दिशा से अति मस्त झूमते ||99||

राकेश का यों उपराग देखके
छिपारहे मेघ यथा क्षपेश को।
बनी हुई भीत मृगी व देखती
भूली हुई चौकड़ियां खड़ी यथा ||100||

दिनेश भी अस्त दिशा चले थे
मानो अमर्षाकुल कांपते हुए।
यही विघाती विधि न्याय विश्व में
अभागिनी ही पति पुत्र युक्त भी ||101||

कर्तव्य शून्या वन स्तब्ध थी खड़ी
विभावरी चन्द्र बिना यथा पड़ी।
दशा वनी थी स्थित-प्रज्ञ की यथा
नहीं उसे ज्ञान रहा स्वरूप का ||102||

यथा सभी सुप्त विशेष भावना
फैली सभी ओर यथा विभावरी।
हो मार्ग भ्रष्ट वन में यहाँ वहाँ
खाती कुमार्गों अति ठोकरें पड़ी ||103||

तभी कहीं से अति तीव्र वेग से
आया वहाँ भीषण व्याल एक था।
जो वेग से गुल्म लतादि वृक्ष भी
था तोड़ता भीषण वायु वेग सा ||104||

खड़ा खुला आनन दँष्ट्र धारी
विशाल था कोटर सा खुला हुआ।
प्रहारकारी फण फाड़ के चला
दया कहाँ नीच विचार में भला ||105||

था छोड़ता सांस न वज्र गोले
अतीव फुँकार न अग्नि शोले।
विचार-शक्ति सब क्षीण सी हुई
खड़ी हुई वृक्ष तले असार सी ||106||

हा! दुर्जनों की नित की यही दशा
आपत्ति में आपत डालते सदा।
है काँपती भीत बनी यही जहाँ
प्राकृत्यता भग्न बने सदा वहीं ||107||

प्रहार को मस्तक ज्यों उठाया
रची प्रभु ने झट एक माया।
जभी हुआ सज्जित मारने को
विनाशकारी विष डालने को ||108||

आया कहीं से मृगया निहारता
शरव्य कोई चल बाण मारता।
तदा वही बाण भुजंग के लगा
सीत्कारता प्राण विहीन हो गिरा ||109||

हं हो! तभी दुष्ट शरव्य ने कहा
हे कोमलांगी तुम कौन हो प्रिये।
विशाल भारी वन में खड़ी यों
कहो कहाँ से पग भूल आ गई ||110||

आता नहीं जो क्षण पूर्व मैं यहाँ
अम्बोजिनी! क्या तब हाल होता।
दुःखी पड़ी देख अरण्य में तुम्हैं
आती दया चन्द्रमुखी मुझे बड़ी ||111||

अनाथिनी सी तुम क्यों बनी हो
विनाशकारी दुख झेलती जो।
अरण्य में यों किसने तजा यहाँ
सौन्दर्य हासी तव नाथ है कहाँ ||112||

मैं भी विदेशी पथ भूल आ गया
शुभे! तुम्हारे दिग आ गया यहाँ।
एकाकिनी हो तुम जो अरण्य में
भूली हुई नाव यथा समुद्र की ||113||

देखो यही तो प्रभु को अभीष्ट है
दोनों सुखी हों सब नाश कष्ट है।
बोलो प्रिये! चन्द्र मुखी सुहासे
आज्ञा करो तो सब कष्ट भागें ||114||

क्या ही अनोखा प्रियमेल हो गया
सारे दुःखों का अवसान हो गया।
आओ प्रिये अंक उठा चलूँ मैं
थके हुए पाद पखार लूँ मैं ||115||

जो प्रार्थना मान विचार लोगी
तो हो सकोगी अति सौख्य भोगी।
मैं भी कृपा का प्रिय पात्र हूँगा
आज्ञानुकारी बन के रहूँगा ||116||

अरण्य में हिंसक हैं अनकों
स्वयं अभी देख चुकी प्रिये? हो।
मैं भी अकेला जन एक ही हूँ
अरण्यवासी जन नेक भी हूँ ||117||

यहाँ उपेक्षा दिखला रही हो
यों घूरती देख रही अभी हो।
सामर्थ्य से भी घर ले चलूगाँ
जो रोक लोगी तब मैं कहूँगा ||118||

शरव्य ने देख लिया न साम से
होती वशीभूत न दण्ड भीति से।
सभीत भी व्याकुल जो खड़ी थी
अमर्ष संयुक्त हुई बड़ी थी ||119||

तभी पकड़ने हित हाथ फैला
बढ़ा शिकारी जब काम क्रोधी।
कहीं उसे क्रोध भरी पुकार से
करे यथा मृत्यु प्रवेश द्वार से ||120||

रे! दुष्ट कामी नर श्वान भेषी
तू खेलता क्यों निज मृत्यु से है।
मैं सोचती हूँ उपकार तेरा
तभी खड़ी मौन विचारती थी ||121||

है काल तेरा यह बोलता न तू
अधर्म की हाट न खेलता तू।
या छोड़ दे नीच विचार ऐसा
हो अन्यथा भस्म स्वपाप से जा ||122||

यों बोलती ने जब तीक्ष्ण आभा
भरी हुई दृष्टि प्रसार देखा
पतिव्रता शाप प्रहार से जो
विमूढ़ सा मूर्च्छित हो गिरा था ||123||

सप्तम सर्ग
सैरन्ध्री चिन्तन

संत्रस्ता थी त्रसित दमयन्ती महा क्लेशिता भी
भीता मानो मृगशिशु फंसा सिंह की मांद में हो।
चारों ही ओर तब वन के हिंस्र जीवों भरी जो
रोती जाती भ्रमित अति ही व्याकुला हो रही थी ||1||

यों ही भैमी अमित त्रसिता घूमती थी वनों में
उन्मत्ता सी कुसुम लतिका वृक्ष से पूछती थी।
हा! हा! खाती निज तन दशा भूलती व्याकुला जो
देखा स्वामी मम नल यहाँ क्लेशि संतप्त दुखी ||2||

देवों ने ही दुःखित दमयन्ती लिए था रचाया
माया का आश्रम ऋषिवरों से भरा सामने ही।
पूछी भैमी तब तब ऋषिवरों ने कहो कौन पुत्री
एकाकी ही वन वन यहाँ घूमती व्याकुला हो ||3||

भैमी ने तो परिचय पिता श्वश्रु के वंश का भी
दे सारी ही तब निज कथा थी सुनाई सभी को।
बोले थे वे ऋषिवर तदा सत्य कल्याण होगा
स्वामी से भी मिलन सुख को पा सकोगी सदा को ||4||

दे आशीर्वाद तब उसको लुप्त वे हो गये थे
दुःखी नारी विचलित हुई ढूंढती नाथ को थी।
आगे को जाकर तब उसे थे मिले योग्य साथी
हाथी घोड़े सहित दल व्यापारियों का सज़ा था ||5||

देखी रानी तब निज दशा चित्त में सोच के यों
साथी ये भी नगर पथ के कष्ट में हैं मिले जो।
ले जाएँगे मुझ दुःखित को प्रार्थना जो करूँगी
दीना हीना इस विपत्ति में कष्ट ही भोगती हूँ ||6||

ऐसा सोचा निजमन व्यथा खोल दी सामने थी
मैं भी यात्री बन इस दशा में चलूँ साथ भाई।
वस्त्रों से भी रहित पथ भूली यहाँ घूमती हूँ
एकाकी को घन विपिन से साथ में ले चलोगे ||7||

पा के थी स्वीकृति तब चली साथ व्यापारियों के
हाथी घोड़े रथ सहित जो जा रहे थे वनों में।
आगे जा के जब रवि हुआ अस्त था व्योम में से
देखा आवास तब रहने के लिए मार्ग में था ||8||

सोए सारे जब दल बना वे वहाँ रात्रि काले
निद्रा में मस्त जब सब थे श्रान्तता को मिटाते।
ऐसे में वन्य गज तब हा! पालतू देख तब हाथी
आए चिंघाड़ कर उनसे द्वन्द्व के हेतु सारे ||9||

ऐसी थी भीषणतर दशा रात्रि में यात्रियों की
आगे पीछे भगदड़ मची गुल्म वृक्षों छिपे वे।
कोई हाथी चरण तल से मृत्यु को पा चुका था
भागे थे वन्य गज तब वे रक्षकों के शरों से ||10||

सारे ही तो निशि विगत वे हो इकट्ठे वहाँ पे
थे बातें आपस मिल करें दुर्भगा स्त्री यही है।
आगे भी साथ यदि अपने ही रहेगी कहीं जो
आएँगा कष्ट पल पल में और भी ध्वंस होगा ||11||

ऐसी बातें सुनकर बड़ी कम्पिता व्याकुला हो
आगे आके विनत अति ही नम्रता युक्त हो के।
बोली यों ही यदि विपिन में सत्य एकाकिनी को
छोड़ोगे तो निज मनुजता त्याग दोगे सभी क्या ||12||

बोले वे 'हाँ' नगर तक तो साथ में ही चलोगी
ऐसा ही निर्णय मिल किया है सभी साथियों ने।
आगे जैसी तब मन बसे साथ को छोड़ दोगी
सन्देही है सब दल हुआ देख ऐसी दशा को ||13||

आयी थी चेदी नृप नगरी में फटी शाटिका में
विक्षिप्ता सी नगर गलियों में वहाँ घूमती थी।
देखी थी चेदि नृप जननी ने भ्रमन्ती पथों में
दासी भेजी द्रवित तव वो सौध में थी बुलाई ||14||

बेटी है आकृति तब मुझे दीखती राज भोग्या
ऐसी क्यों हो दर दर यहाँ घूमती हा! पथों में।
बोली हे मात! मम पति ने द्यूत सर्वस्व हारा
हूँ सैरिन्धी तजकर मुझे वे वनों में गए हैं ||15||

जो चाहो तो रहकर यहाँ साथ बेटी हमारे
कष्टों का जो समय तुमको है मिला भाग्य द्वारा।
जैसे तैसे घटित घटना हो चुकी बेसहारा
काटो बाकी दिवस पति को पा सकोगी कभी तो ||16||

बोली थी यों द्रवित दमयन्ती तदा चेदि माँ को
धोऔंगी मैं चरण-पर के भी नहीं सेविका सी।
झूठे अन्नों पर पुरूष के स्पर्श दुर्दृष्टि से भी
मेरी रक्षा यदि कर सकें तो कृपा पात्र हूँगी ||17||

दासी के कर्म तब करती भी यहाँ ही रहूँगी
स्वामी अन्वेषण हित तदा साथ भी दे सकोगी।
बोली माँ उत्तम वत्र लिए जो रहोगी हमारे
कन्या मेरी सुन यह प्रिय सुनन्दा सहेली रहेगी ||18||

सैरिन्धी हो तब वहाँ वह काटती थी दिनों को
बीती बातें निज हृदय में सोचती थी सदा ही।
ऐसे ही क्या निज दिन यहाँ काट लूँगी दुःखों में
या होगा भी उदय फिर जो अस्त है भाग्य मेरा ||19||

दासी के कृत्य तब करती भोग निर्मुक्त जैसी
सत्यान्वेषी बन जगत में जी रही हो प्रभावी।
क्या क्या देखा सहन करती ने यहाँ विश्व में है
देव-स्पर्धी जगत तल के भोग भोगे कभी थे ||20||

भैमी का रूप तब सजता मेघ आच्छन्न जैसा
भस्माच्छन्ना अनल सम था दृष्टि में जो न आता।
एकान्ते थी मनन करती क्लेश संतप्त होती
आशाओं के बल पर कटी जा रही जीवनी थी ||21||

चिन्तालीना सतत दमयन्ती वहाँ दीखती थी
सेवान्यस्ता अहरह लगी दासता में सदा ही।
बीती बातें जब तब कभी क्लेश से सालती थी
भाग्याधीना जलधि बहते काष्ट की सी दशा में ||22||

जाना मैनें जगति तल में सौख्य का रूप क्या है
नारी का तो प्रियतम बिना व्यर्थ है जन्म सारा।
स्वामी के ही हृदय तल में स्थान जो पा गई हो
कोई भी अन्य सुख मन को भा सकेगें कहाँ से ||23||

भोगों को तो नृपति गृह की नारियाँ भोगती हैं
तो भी मैंने सुख न उनके पास देखा कभी है।
भूखी भी जो सरल पति के चित्त में स्थान पाती
देखी मैंने अमित मुख में दिव्यता खेलती है ||24||

होती वाह्याकृति पर कभी सज्जता नारियों में
वस्त्रों आभूषण खचित हो तृप्ति सी दीखती है।
वे भी आभ्यन्तर हृदय से शून्य विच्छिन्न होती
मिथ्या दम्भी बनकर सुखी बोलती स्वात्म को हैं ||25||

"स्वान्ते सौख्यम्" विषय लिपटे प्राणियों में नहीं है
नारी का तो सुख जगत में चित्त के दान से है।
स्वामी से हो न मन जिसका स्वल्प भी क्लेशकारी
दीखे हस्तामलक सम है मुक्ति ऐसी स्त्रियों को ||26||

पाया मैंने प्रियतम वही प्यार सौभाग्य का है
घूमी थी साथ वन पथ में देख मेरी दशा को।
त्यागा यों ही भ्रमित बनके चित्त सतंप्त हो के
माना था है क्षुधित दमयन्ती दुःखी साथ मेरे ||27||

नारी का चित्त विधि तक भी जान पाया कहाँ है
क्षीणा हीना व्यथित तन ही देखते साथ में थे।
आत्मा का तो मिलन मन की भावना से हुआ था
छोटी मोटी वह तन व्यथा व्यर्थ सी दीखती थी ||28||

कैसी होती तन मन प्रभा पूर्णतः अर्पिता की
जानेगी केवल वह दशा अर्पिता हो चुकी जो।
ऐसी ही तो पति निरत होती सती नारियाँ हैं
मुक्ता वे जीवित वन रहें पूर्ण सन्यस्त सी हैं ||29||

छाया है स्वार्थ हृदय तल में भोग संलिप्त हो के
ऐसे ज्ञानी प्रकृति पर हो सत्य से दूर होते।
आँखों से तो जगति तल का दीखता रूप प्यारा
आत्मा का सौख्य अनुभव से पूर्ण पाते न ऐसे ||30||

ऐसी कैसी विविध मन में आ रही भावनाएँ
जैसे तैसे दिवस अपने काटती थी वहाँ ही।
सन्यस्ता सी नल नृपति की चिन्तिता हो रही थी
कोई भी अन्य मन बसती भावना ही नहीं थी ||31||

यही ताने बाने सतत दमयन्ती बुन वहाँ
अशक्ता सी शून्या दिवस अपने यापित करे।
कभी क्षुब्धा होके नृपति हित संतप्त बनती
कि त्यागी क्यों ऐसे सघन वन क्रव्याद युत जो ||32||

इसी आशा में हूँ प्रियतम मिलेंगे जब कभी
तदा मैं पूछूँगी निज हृदय का भाव उनसे।
कि क्या ऐसे जाना यह विभव की मित्र बनती
सदा ही सौख्यों के हित जगत में साथ रहती ||33||

सदा पाली इच्छा हृदय निज सौभाग्य सुख की
किया जो संसारे प्रियतम लिए अर्पित रही।
कभी एकाकी की जगति तल इच्छा कब रही?
अपारे संसारे तन मन समर्पी बन रही ||34||

रहा पत्नी पक्षे पुरुष सच संकीर्ण बन के
लखा नारी का है विषय पर ही रूप सच है।
यही मेरी इच्छा सतत बस सानिध्य रहती
शरीरे थी आस्था, सबलतर आत्मा रह रही ||35||

रहा नारी का है विषयरत ही रूप मन में
कि माता भी तो है सरल ममता की सुखमयी
यदा जाना होता जग-पुरुष ने रूप उनका
सदा क्यों संसारे विषय पर ही ध्यान रहता ||36||

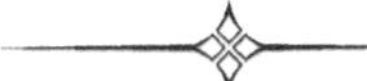

अष्टम सर्ग

पितृ गृह प्रवेश

जामातृ और अति क्लेशित बालिका को
अन्वेषणे निरत भूपति भीम भेजे।
विप्रा अनेक दश दिकतब घूमते थे
देखा सुदेव तब चेदि नरेश राज्ये ॥1॥

सौन्दर्य मूर्ति मलिना अति दीन नारी
पूछा यहाँ पर कहो तुम कौन पुत्री।
जाना यही दम श्वसा नल भूप त्यक्ता
दासी बनी अहह! काल प्रभाव युक्ता ॥2॥

बातें सुनी जनक व जननी दुःखों की
भैमी तदा रूदन लीन लखी सुनन्दा।
जा के कहा स्व जननी वह रो रही है
देखा तदा त्रसित चेदि नरेश माँ ने ॥3॥

चेदि नरेश जननी सुन विप्र बातें
है कन्यका बहिन की यह जान पायी।
दे मान और अति स्नेह तदा कहा यों
जाओ, पिता जननी की अभिलाष पूरो ॥4॥

आयी पिता-गृह यदा लख कन्यका को
माता-पिता अमित व्याकुल हो गए थे।
आँखें रहीं बरसती तब भाव डूबीं
वाग्बन्ध थे बन गए श्लथ शून्य जैसे ॥5॥

देखी दशा न मुँह से कुछ बोल पाई
कन्या नहीं लग रही कमनीय वैसी।
ऐसा लगा तन वही पर आत्म हीना
कंकाल रूप जिसका अति ही दुरूह ॥6॥

थी शून्य दृष्टि उसकी बस भाव हीना
जो देखती यदि कभी निज दृष्टि द्वारा।
आँखें वहाँ तब लगें जिमि तैरती सी
मानों की शून्य पथ में तब दौड़ती थी ॥7॥

भारी विचित्र प्रभु दैव प्रभाव देखा
पैदा हुई जब यही तब ज्योतिषी ने।
देखे ग्रहाः तब कहा अति भाग्यशाली
होगी प्रसिद्ध जग बीच तथा प्रभावी ॥8॥

सौभाग्य पूर्ण बनके पति प्राण होगी
संसार में अमर नाम लिए रहेगी।
सौन्दर्य और गुण में शचि शारदा ही
होगी अनन्य मति धर्म प्रभाव युक्ता ॥9॥

हा! हो गई सब अलीक भविष्यवाणी
देखा स्वयं जबकि आज स्व-बालिका को।
दीना दरिद्र बन दास्य दशा हुई जो
हा! शान्त चित्त बन के कब जी सकेगें ||10||

ऐसी सुशील रमणी तज जो गया है
जाता नहीं नल कभी मति शुद्ध हो के।
त्यागी गया हृदय मान नहीं रहा है
था श्रेष्ठ भूपति गुणज्ञ प्रभावशाली ||11||

क्या भाग्य का अति कठोर प्रहार खा के
दुर्बुद्धि हो नल गया तज के स्व-पत्नी।
या पूर्व कर्म फल-रज्जू बन्धा हुआ था
जो शून्य मस्तक हुआ कर त्याग नारी ||12||

आ तो गई, जड़ यथा वह जी रही थी
जो हो गई नलमयी नल से तजी भी।
माता पिता लख दशा बहु भाँति ही से
सन्तोष दें तब मनोरथ पूर्ण होगा ||13||

दोनों रहें सतत तप्त स्व-बालिका को
देखें, यदा जड़ बनी विभवे विरक्ता।
सन्तान के प्रति उपेक्षित सी पड़ी जो
कन्या तथा सुत रहें तब मूक हो के ||14||

सुमन कोमल थी प्रिय बालिका
जगति विश्रुत रूप प्रभाव भी।
सरस भाव विभाव विराजती
अतुल स्नेहिल भाव भरी हुई ||15||

सहज ही स्व-स्वभाव प्रंशसिता
धवल मानस सार गुणान्विता।
कमल कोमल वत्सल भाव से
मनसि गौरव युक्त उमगं सी ||16||

मचलती लगती जिमि पुष्प सी
निज विकास प्रभाव बता रहा।
अतुल स्नेह पली लगती भली
सब इसे तब देख प्रसन्न थे ||17||

जब कभी प्रभु ध्यान निमग्न हो
बस तभी स्थिर भाव तपस्विनी
सम निरन्तर भाव विभोर हो
स्थिर न थी रहती पल अन्यथा ||18||

नित नवीन दुकूल छटा लिए
उमगता निज रूप प्रभा भरी।
जड़ बनी जिमि शून्य विभावरी
तम घिरी रहती तज कौमुदी ||19||

चल रही पर चेतनता नहीं
कर रही सब कर्म स्वभाव से।
न मन का अब साथ रहा तथा
जबकि थी हँसती कलिका यथा ||20||

अब प्ररसाधन साधन जो कभी
प्रिये रहे अति प्राण समान है।
रज समान न मान प्रदान ही
कर रही बस बेबस जी रही ||21||

तज सभी सुख साधन वैभवी
न निज का कुछ भी अवशिष्ट है।
यदि कहीं अवशिष्ट प्रभाव है
नल अशेष विशेष व्यथा रही ||22||

जगति सौम्य स्वभाव मिला जिसे
फल नहीं मिलता तब अन्यथा।
यह सुना अरू शास्त्र पढ़ा हुआ
सतत ढाढस चित्त बंधा रहे ||23||

प्रथम लोग यही कहते सुने
न नल सा जग मानव है यहाँ।
दम-स्वसा सम भी प्रमदा कहीं
जगत में यह मेल अनन्य है ||24||

अमित स्नेहिल हैं सबके लिए
न इनके मन में पर हेतु तो।
तनिक त्रासित चिन्तन ही कभी
उठ सका समझे व्यवहार से ||25||

सरल जीवन है जिसका रहा
जगत के हित उन्नत भाव भी।
मन समर्पित था स्वप्रिया लिए
तब भला प्रिय को तज क्यों गया ||26||

श्रवण द्यूत पराजय की कथा
कि नल भूप गए तज राज्य को।
प्रियतमा निज साथ लिए हुए
किस दिशा यह ज्ञान न था हमें ||27||

रह रहे सुख दुःख सदा ही भले
गमन है जिस ओर किया वहीं।
निज प्रभाव सुखी यह ज्ञान था
कि नल हैं गुण युक्त विशिष्ट ही ||28||

पर न जान सके कलि कोप से
तज सभी गुण और मनुष्यता।
अमर स्नेह प्रसिद्ध प्रसाद सा
नल प्रिया तज और कहीं गए ||29||

अमित ही दुःख युक्त बने हुए
जगत में निज जीवन हो गया।
सुमन की उजड़ी प्रिय वाटिका
सम मिली अब है प्रिय बालिका ||30||

न नल भूप पुनः मिलते कहीं
हम सयत्न बने बहु काल से।
बहुत ब्राह्मण भारतवर्ष में
भ्रमण लीन बनें नित ढूँड़ते ||31||

सतत शून्य बनी रहती यहाँ
जड़ यथा बन प्रस्तर मूर्ति सी।
नयन त्राटक की गति में रहें
स्थिर बने किस भव्य स्वरूप में ||32||

नल हेतु अनेक विचार उठें
जब है वह पीहर दीन यथा
परिवार बना बस त्रास भरा
वह चिन्तन शील बनी रहती ||34||

नवम् सर्ग

विकल दमयन्ती

रस विहीन बनी सब जीवनी
प्रिय विहीन पड़ी जब से यहाँ।
विभव है बिखरा चहुँ और ही
पर न सौख्य मुझे मिलता कहीं ||1||

जब न चित्त दशा सुख युक्त हो
जगत में कुछ भा सकता नहीं।
लग रहा सब शून्य भरा मुझे
हृदय ही अब हाय! उजाड़ सा ||2||

सुत सुता जब मोद भरें कभी
उमगते अति वत्सल भाव से।
धड़कते मन से तब भी नहीं
धर सकूं प्रिय अंक सुचाव से ||3||

जल रही दिन रात यथा चिता
दुखित भी प्रिय स्तम्भित भी बनी।
न निज का पर का सुख सार ही
अब मुझे बहला सकता कहीं ||4||

जनक व जननी मम कष्ट से
अमित क्लेशित शंकित सोचते।
नित मुझे जब व्याकुल देखते
त्रसित अक्षिणि अश्रु भरे रहे ||5||

हृदय का सब हास विलास ही
जड़ित स्तम्भित शंकित हो गया।
प्रकृति की बिखरी सुविभूतियां
लग रही मुझको अनजान सी ||6||

सकल जीवन हाय! मसान सा
वन असार हुआ वनवास सा।
रह रही सुख वैभव में घिरी
लग रहा पर जीवन भार सा ||7||

चुहल जो करतीं संखियां यहाँ
गुदगुदी भर पा सकती नहीं।
सतत उल्लसिता हसिता वही
अहह! गौतम शापित सी हुई ||8||

हृदय नीरस शुष्क पहाड़ सा
वन उजाड़ यथा जग जी रही।
मन किसी जन के हित है नहीं
सरसता, अब तो जड़ हो गई ||9||

मम दशा लख पूर्ण कुटुम्ब ही
विगत वैभव शापित सा हुआ।
बस मुझे लगते सब सोचते
तृषित चातक से नभ डोलते ||10||

दलित मानव तो झुकता हुआ
भ्रमित हो चहुँ ओर निराशा सा।
यदि करें दुख दैन्य प्रलाप तो
समझते उसको कब अन्यथा ||11||

पर मुझे सब भौतिक भोग ये
प्रिय विहीन नहीं सुख दे रहे।
अलख जीवन स्वप्न यथा सभी
कर रहे निशि वासर दग्ध हैं ||12||

सतत चित्त अभाव विदग्ध है
बन गई स्थित प्रज्ञ स्वनाथ में।
पर अनाथ सनाथ न हो सकी
तम घिरी पथ बीच खड़ी यथा ||13||

जब तजा वन में तुमने वहाँ
प्रथम पीहर मार्ग दिखा मुझे।
कि पथ कुण्डलिनी पुर का यही
सरल है सुख पूर्ण स्वधाम का ||14||

इस प्रकार मुझे पथज्ञान से
कर दिया तब पीहर के लिए।
गमन ओर सुगुप्त संकेत सा
कि यदि छोड़ गया पथ जान लो ||15||

तनिक भी भ्रम ही यदि चित्त में
कलित हो सकता उस स्वत्व में।
पर शंकित था मन स्वप्न भी
कि तज नाथ मुझे अब जा रहे ||16||

न तन या मन ही तज भूप को
पर समर्पित था क्षण भी हुआ।
यदि समर्पित था जगदीश में
अब न ईश्वर अर्पित भी रहा ||17||

सरल बालक कौतुक मोद भी
कठिन चिन्तिन काल यदा कदा।
मन विनोदित मोदित थे करें
अब न वत्सल भाव जगा सकें ||18||

अचल भी चलती फिरती हुई
उदर भी भरती सुबुभुक्षिंता।
शयन में लवलीन उनिन्द्र ही
भर रही जग भाव विचित्र सी ||19||

न अब अश्व प्रचालन हेतु ही
कर सके क्षण प्रेरित ही कभी।
उपवने फिरती जब प्रेरिता
अब प्रमोदित हो सकती नहीं ||20||

जगत में प्रमदा पति हीन हो
न सुख पा सकती सच है यही।
पति बिना प्रभु भा सकते नहीं
परिणिता रहती पति-वर्तिनी ||21||

जब कि पूर्व रही अविवाहिता
सुख अनेक रही तब भोगती।
प्रणय की करती प्रिय कल्पना
सरस थी लगती मन मोहनी ||22||

अब न हा! सखियां मिलती कहीं
यदि कभी मिलती मुझसे यहाँ।
तब वही मम भाग्य विडम्बना
लख सदा भरतीह उसांस है ||23||

हृदय रंजक भाव विनोद के
यदि कहीं सप्रसगं प्रमोद से।
सुन पड़े शर विद्ध कबूतरी
सम तदा सहती उस भाव को ||24||

सरस भाव विलीन हुए सभी
सुख प्रसंग पुरातन काल के।
कथन से लगते अब हैं मुझे
डस रहीं स्मृतियां वन व्याल सी ||25||

विलय मानस आत्मिक भी सभी
प्रणय से परिपूर्ण हुआ तभी।
अब विच्छिन्न सु अंग यथा हुई
कुछ न ज्ञान कि क्या कुछ हो गया ||26||

समझना निज भाव दुरूह है
बन गई वस यांत्रिक जीव हूँ।
जब कभी कुछ जागृत भाव हो
तड़पती पय-तापित मीन सी ||27||

अब न साथ मुझे लगता भला
सरल स्नेहित भाव न भावते।
अब न बालक भी स्मृति में रहें
बन गई सबसे उपहास्य हूँ ||28||

प्रकृति दत्त स्वभाव बना हुआ
कर रही जग के सब कार्य हूँ।
न उसका मन में लवलेश भी
कथित भाव कभी रहता यहाँ ||29||

हंस ने रूप जो चित्त में था भरा
क्या उसे भूल पाई भला आज भी।
जो गुणों से भरा स्नेह दाता रहा
सत्य से युक्त व साधुता से सजा ||30||

मानवी भावना युक्त आदर्श है
देवता भाव संयुक्त उत्कृष्ट हैं।
और पाया सदा सत्य ही हंस की
सूक्ति से भी कहीं रूप में श्रेष्ठ है ||31||

रूप में काम भी तुच्छ सा दीखता
काम सी अन्य को क्लेश की भावना।
चित्त में भी नहीं व्यक्त देखी कहीं
और व्यवहार की बात ही क्या कहूँ ||32||

क्या गुणों में कभी न्यूनता नाम को
भी कभी देखने को किसी को गिली।
मानवों की कहूँ क्या यहाँ देवता
भी नहीं पा सके साम्यता हैं कहीं ||33||

था सुना मानवों को भला व बुरा
ढूंड के भी नहीं देख पाई बुरा।
एक भी भाव कोई कभी साथ में
मैं न थी पा सकी भूप में स्वल्प भी ||34||

राम व कृष्ण तो ईश के रूप हैं
लोग तो मानते ही जगन्नाथ हैं।
न्यूनता ढुंडते राम में कृष्ण में
भूप में पा सकी थी कहाँ न्यूनता ||35||

सर्व सम्पन्न वे मानवी रूप में
स्नेह कर्तव्य की जागती मूर्ति से।
भूल बैठे न जाने कहाँ स्वत्व को
द्यूत क्रीड़ा लगे कर्म त्यागी वही ||36||

शाप क्या देवताओं दिया आपने
क्या यही देवता भाव है स्वार्थ का।
देवता तो उसे बोलते लोग हैं
अन्य के हेतु जो प्राण भी त्याग दे ||37||

यों सभी चाहते हैं मनोरंजनम्
स्वच्छ हो भावना स्वार्थ से हीन हो।
विश्व कल्याण की कामना चित्त में
भूप के हेतु तो मार्ग ही एक है ||38||

क्योंकि है जन्म ही तो प्रजा के लिए
वे नहीं प्राण भी धारते स्वार्थ को।
एक ही ध्येय है हो प्रजा का भला
सौख्य हो राज्य में मानवी भाव का ||39||

हीनता भाव से ग्रस्त कोई न हो
सत्य में ही प्रजा-राज्य हो भूप का।
नाम को ही कहें भूप का राज्य है
हो व्यवस्था सभी ही प्रजातंत्र की ||40||

था यही रूप देखा सदा भूप का
हा! न जाने लगा द्यूत में चित्त क्यों।
जानते थें नहीं है भला कर्म भी
भाग्य को क्या कहूं स्वार्थ साम्राज्य था ||41||

बुद्धि का द्वार ही बन्द सा था हुआ
जो न जाना भला व बुरा मार्ग भी।
देवता रूष्ट थे भाग्य भी नेष्ट था
थी तभी तो लगी द्यूत क्रीड़ा भली ||42||

द्यूत में राज्य हारा तथा स्वत्व भी
मानवी भाव के पूर्ण वे तत्व भी।
स्नेह आदर्श भी ज्ञान का मार्ग भी
स्त्री प्रजा युक्त का हा! सुता स्नेह भी ||43||

चित्त जो एक भी भावना वद्ध हो
सभ्य ही मानवों की दशा देख लो।
हो गये भावना दास जो लोग हैं
हाल क्या हो सकेगा स्वयं जान लो ||44||

भूप की दुर्दशा मानवो देख लो
थे गुणागार जो मानवाधार भी।
भूल बैठे स्वयं के भले कर्म भी
द्यूत ने बुद्धि की शक्ति ही छीन ली ||45||

मानते हैं जिसे लोग सामान्य ही
द्यूत में लिप्त हो वे कहाँ से बचे।
बुद्धि वैकल्य सत्संग से हीन हो
सत्य ही ध्वस्त हो स्वत्व खोते सभी ||46||

क्यों हुए भूप हा! द्यूत संलिप्त वे
राज्य के कार्य से मुक्त से थे बने।
द्यूत के दोष से लिप्त होते वही
कर्म से हीन जो व्यर्थ बैठें रहैं ||47||

भूप के राज्य में सौख्य था शक्ति थी
था यही कार्य कल्याण के भाव का।
जानते थे सभी कर्म की उच्चता
ज्ञान संपृक्त वे गम से युक्त थे ||48||

द्यूत क्रीड़ा सदा से यहा त्याज्य थी
क्यों हुए शत्रु वे शास्त्र के भी भला।
हाय! होनी सदा मानवों के लिए
वज्र के पात सी कष्ट देती रही ||49||

भाग्य के खेल से छूटना विश्व में
सत्य ही कर्म से हीन को कष्ट है।
भक्ति भी उच्च हो कर्म भी श्रेष्ठ हो
तो किया जा सके भाग्य को दूर भी ||50||

कर्म ही तो कभी का बना भाग्य है
क्यों न हो कर्म से ही भला दूर भी।
कर्म की श्रेष्ठता उच्चता साथ हो
ईश भी तो उसी के वशीभूत हैं ||51||

मानवों में रही भावना है यही
मैं बड़ा शक्तिशाली हुआ जा रहा।
विश्व के तत्व वे जानते स्वल्प जो
भूल से भूलते हाय! आध्यात्म भी ||52||

स्वल्प सी शक्ति हो कर्म भी क्षीण हो
भाग्य भारी वहां सत्य ही देखते।
मस्त उद्योग में भूलता भाग्य भी
वे सभी पा सके सौख्य कल्याण भी ||53||

हाँ परं भाग्य के खेल को मान के
भूप ने कर्म की श्रेष्ठता त्याग दी।
जानके कर्म के त्याग के भोग को
थे स्वयं ही महामूर्खता मानते ||54||

भूप तो देवताओ ! सदा आपको
मान सम्मान का भाव देते रहे।
आ रहे जो मुझे प्राप्ति के हेतु थे
दूत भी वे बने निर्जरों के लिए ||55||

सत्य उद्घोष जो भूप को था दिया
पूर्ण ही सत्य था इन्द्र से जो कहा
चाहती है मुझे भीम कन्या प्रभो
सोचलें आप भी प्राणी कल्याण भी ||56||

रूप भी भूप सा था बनाया तभी
थी महाव्याकुला सी हुई सत्य ही।
भीत भी कातरा हो तदा प्रार्थिता
देवता को वहाँ मान देती रही ||57||

देवता भी जिसे प्राप्ति की कामना
में स्वयं का तजें रूप भी वेष भी।
भूप को चित्त मेरी रही कामना
था कहा यों मुझे देवता ही वरो ||58||

क्योंकि मैं दूत हूँ निर्जरों का अभी
है यह कर्म मेरा करूँ प्रेरणा।
भाव जो चित्त में रोचता है अभी
देख के देव सौंदर्य भी जो रहे ||59||

तो तदा नैषधाधीश ने था कहा
रोचता चित्त में कन्यके! सोच के।
हाँ सभा मण्डपे ही तदा भामिनी
हो सकोगी वृता देव या अन्य की ||60||

भाव संपृक्त हो था कहा भूप को
मैं अभी ही वरूंगी यहीं आपको।
था कहा भूप ने मैं अभी दूत हूँ
निर्जरों के लिए दे रहा प्रेरणा ||61||

हाँ स्वयंबर सभा में हुआ क्लेश था
साथ ही वे पांच नैषधाधीश थे।
जानती थी उन्हें दूत के रूप में
था वही रूप भी भेष जो भूप में ||62||

सत्य साक्षी बना ईश से प्रार्थना
याचना की तहाँ निर्जरों से तदा।
चाहती चित्त से भाव से भूप को
तो मुझे मार्ग दो न्याय का ज्ञान का ||63||

देख मेरी दशा देव संतष्ट थे
भा सुरों को गए वाक्य मेरे कहे।
तृप्त थे साधना देख के देवता
भूप को था दिया दान कल्याण का ||64||

वर पाचक अन्य न हो तुम सा
रथ चालन पाक अनन्य रहो।
वरुणज अनन्य सुगन्धित जो
तव पुष्प सुहार सुसज्जित हौं ॥65॥

जल अग्नि रहें वश में अब से
रस भी सब ही बन दास रहें।
कलि त्रासित होकर केवल हां
दुख दैन्य मिलें तब द्यूत दशा ॥66॥

दशम सर्ग

बाहुक व्याकुलता

बनें त्यागी मैंने दुःखित दमयन्ती प्रियतमा
न जाने होगी भी अगम वन में जीवित वहाँ।
बनी विश्वस्ता थी शयन करती निश्चित मना
हुई होगी कैसी त्रसित तब हा! नींद तज के ||1||

बना अत्याचारी क्षण- क्षण उठें भाव मन में
तजी एकाकी है बीहड़ वन यों अर्ध पट में।
शयाने रोते की सुन ज्वलित कर्कोटक व्यथा
उठा भूला था मैं, शयन करती है मम प्रिया ||2||

'बचाओ' की आवाज जब वन से हाय ! निकली
तभी भूला था मैं निज प्रियतमा को तज वने।
गया देखा कर्कोटक तड़फता आह भरता
उठाया भारी को पर तब दिया दंश मुझको ||3||

तभी देखी मैंने निज तन दशा रूप बदला
बना था मैं ऐसा परिचय हुआ लुप्त तन का।
रहा मैं ही बाकी बदन वह था और नर का
बना क्रोधी कर्कोटक, यह दिया हाय! दुःख क्यों ||4||

हुआ कैसा मेरा मन विकृत था देख तन को
वहीं भूला बैठा कुछ समझ पाया तब नहीं।
दशा देखी ऐसी तब दुःखित कर्कोटक हुआ
कहा जाओ भाई यह न दुःख का कारण बने ||5||

बना दोषी भाग्यम् बहुत समझाता मन रहूँ
यही सोचा जाता सब कुछ किया स्वार्थ वश ही।
नहीं होता भारी हठ वश यदा द्यूत रत मैं
भला कैसे आती विपत्ति जो ओढ़ चलता ||6||

किया मैंने भारी सचमुच असत्कृत जगत में
कहेंगे अन्यायी नल सम हुआ कौन खल भी।
न इच्छा थी छोड़ूँ अतिशय प्रिया थी हृदय भी
न कोई भी मेरी वह विवशता जान सकता ||7||

तजा देवों को भी मेरी समझ मुझको श्रेष्ठ
दिखाई मैंने है निज हृदय की शाश्वत विधा।
गया था देखी तो तब न दमयन्ती मिल सकी
हुई थी लज्जा सी सच निज यही रूप लख के ||8||

दशा ही ऐसी थी अबस दमयन्ती तज चला
बड़ी ही कष्टों की दलदल गिरा सा लग रहा।
नहीं सोचों की भी जगह तब भी शून्य मन था
किया क्या है मैने यह न मन में भाव तब था ||9||

हुआ क्या क्या होगा अब कहां वास करती
बताया तो था पीहर गमन के हेतु पथ भी।
कहीं भूली होगी यदि पथ दिखाया वन पथे
तदा हो संत्रस्ता दमित अनहोनी कर न दे ||10||

नहीं त्यागा मैंने मनसि बसती प्राण सम को
भला प्राणों से भी विलग रह ही कौन सकता।
दुःखी होके छोड़ा यदि विपिन में हाय! उसको
दशा कैसी मेरी यह अनुभवी जान सकता ||11||

रही प्राणों से भी अधिक दमयन्ती जब मुझे
नहीं हत्या कोई निजकर कभी सत्य करता।
बना मैं हत्यारा सचमुच हुआ आत्म हननी
तभी तो प्राणों से प्रिय प्रियतमा त्याग करदी ||12||

गया मेरा दैवी गुण कमल सा रूप फल भी
रहा होगा मेरे मन अति अहंकार तन का।
तभी तो हारा मैं तन सुख तथा राज्य सुख भी
अहंकारी होता पतित अपने कर्मफल से ||13||

यही माना मैंने सचमुच मिला कर्मफल ही
कृपा द्वारा ऐसा फल समय के साथ मुझको।
दिया है स्वामी ने इस जगत का रक्षक सदा
रहा जो संसारी नियम क्रम का शासक भला ||14||

दिया काया का ही पलट कर है दण्ड मुझको
इसी शिक्षा से ही दलित करके गर्व सब ही।
किया स्वामी ऐसा अब खुल गई बौद्धिक छटा
इसे माना मैंने सदय प्रभु की अद्भुत कृपा ||15||

सभी राजाओं में सुयश फल पाया अवनि के
प्रजा भी आशा से अधिक अनुरक्ता बन रही।
सभी ही राजा थे उस समय आर्दश कहते
अनन्या सौन्दर्य जगत भर में थी प्रियतमा ||16||

अवश्यम्भावी था पतन तब ऐसी स्थिति बनी
जिसे शास्त्रों ने है अनुचित कहा द्यूत वह ही।
बनाया क्रीड़ा का विषय तज के शास्त्र पढ़ना
यही तो होना था फल असत राही जब बना ||17||

अनेकों लोगों से जब अति मिला आदर मुझे
तभी तो मेरा भी पल पल अहंकार उछला।
हुई हत्या जैसी मम हृदय थे भाव शुभ जो
यथा ऊंचाई से पतन रत हो पत्थर गिरा ||18||

कभी आर्दशों के हित सकल थे उद्धत करें
तथा विद्वानों में मम गति नहीं मूर्ख सम थी।
सभी लोगों में ही अतुल जब सम्मान पदवी
मिली जाना मैनें अमित गुण सम्पन्न निज को ||19||

यही बातें ही तो मम पतन का कारण बनी
नशा जैसा छाया तब हृदय में मान पद का।
तजी थी अच्छाई सब समझ ही लुप्त करदी
वहां मंत्री रानी कुछ न कह पाये तब मुझे ||20||

सभी की आंखों में उस समय था मान अति ही
यही सोचा मैनें मम सम न है और जग में।
बुरे कामों में जो मम गति हुई स्वार्थ वश थी
बना द्यूताभ्यासी अहित कर थे भाव उभरे ||21||

कहा लोगों ने था नल कलि प्रभावी बन गया
बना स्वार्थी था मैं बस कलि तभी तो कलि बना।
प्रभावी सारे ही युग मनुज के भाव वश हैं
करें जैसा भी जो फल तदनुसारी जग फले ||22||

यहीं घोड़ों का मैं नृपति गृह संरक्षक बना
सदा सोचूं में ही ग्रसित रहता सत्य निज में।
तथा भस्माच्छन्ना ज्वलन सम आच्छन्न तन में
जला जाता आंसू सजल नयनों में अब नहीं ||23||

सभी छोड़े मैंने मद ग्रसित हो श्रेष्ठ पथ थे
तथा भूले सारे नियम अरु सिद्धान्त अपने।
बड़ा पश्चातापी बनकर नहीं लाभ अब तो
यही आशा बाकी प्रभु विपथगा को सुपथ दें ||24||

दुःखी होता देखूं जब जब कभी रूप अपना
तभी सोची होता निज कुकृत सारे उभरते।
यथा पानी हीना तड़फ रहती दीन शफरी
तथा मैं भी हा! हा! कर कर मलों देख निजको ||25||

यदा रोका द्यूते प्रवृति रत अज्ञान पर को
नशीली झोंकों में सतत समझाया पर नहीं।
सुनी रानी द्वारा सुपथ गमने प्रेरक भली
कथा प्राचीनों की असत पथ गामी नर हुए ||26||

न मानी रानी की तब सरल वाणी सुपथ की
तथा बच्चों ने भी उस समय प्रेरित किया।
कहो माता रोती नयन जल क्यों है भर रही
नहीं माना मैंने उस समय था मस्त निज में ||27||

दशा मेरी देखी सतत जब था द्यूत रत मैं
तदा बारी बारी चढ़ कर कभी अंक तब थे।
यही तो पूछे वे पित! यह करें क्या प्रतिदिने
कहां भोले बच्चे समझ सकते क्लेशित दशा ||28||

दशा माता की वे जब त्रसित होती समझते
तदा रोते रोते दलित सुमनों की स्थिति लिए।
कभी उन्मादी को भयग्रसित जैसे चकित वे
खड़े देखें कैसा अब जनक का रूप बदला ||29||

हा? हा? प्यारे सरल शिशु भी छोड़ के आ गया हूँ
मीठी वाणी विमल उनकी भूलता जा रहा हूँ।
सीधे सादे विमल मुखड़े तोतली बोलियाँ
आशाएं भी निज हृदय की तोड़के आ गया हूँ ||30||

अंकारूढ़ा सतत मन में दीव्यता दान की है
प्यारे प्यारे निज नयन की मूक भाषा लिए ही।
पाया है जो जगति उसकी साम्यता है कहीं क्या
वैसा प्यारा अनुभव सुखों का नहीं पा सका हूं ||31||

कैसी थी निश्छल हृदय की भावनाएं अनोखी
दोनों हाथों पकड़ कर वे कण्ठ आलम्ब देके।
पाता आनन्द मन तब था मुग्ध होता सुखों से
पाऊँगा क्या अमित अब वात्सल्य वैसा कभी मैं ||32||

होती चिन्ता जब जब कभी राज्य के कारणों से
आती थी आकृति पर तदा बेबसी स्वल्प सी भी।
देखें थे व्याकुल जब मुझे अंक आरूढ़ होके
प्यारी प्यारी तब रसभरी बात वे थे सुनाते ||33||

स्मरण आकृतियां उठती रहें
अमित बेबस चित्त बना रहे।
न क्षण विस्मृत बालक हो सके
कलुष दुष्कृत भाव न छूटते ||34||

कि कितना तब स्वार्थ भरा हुआ
सतत था मन रंजन में लगा।
न यह सोच सका मम कृत्य से
सरल बालक व्याकुल हो रहे ||35||

पुरानी बातों की स्मृति उभरती शूल चुभता
यही सोचा जाता सचमुच किया नाश निज का।
दिनों रातों का तो कथन कहने योग्य अब क्या
सदा स्वप्नावस्था त्रसित करती हाय मुझको ||36||

सदा कैसी होती जलन निज के कर्म लख के
न भूला ही जाता कुलिश सम आघात अपना
नहीं जाना मैंने निज पतन को क्यों तब भला
तभी तो कर्मा को प्रबल कहते विश्व भर में ||37||

कहा वृद्धों ने है जगति मिलता कर्म फल ही
हुआ क्यों था मैं भी ग्रसित अति ही द्यूत बल से।
पढा शास्त्रों में था तनिकतर भी दोश निज में
यदा ढूँडे देखो तब गुण सभी नश्ट समझो ||38||

सदा भूले से ही नल नमित मौनी बन रहे
सुकृत्यों को सोचे अति दुखित को जीवल कहा।
रहो भावों डूबे निशिदिन बडी शोक स्थिति में
बताओ क्यों ऐसे सतत रहते क्लेशित यथा ||39||

कहा भारी वाणी नल तुम सुनो जीवल कथा
किया मैंने भारी अहित अपने साथ वन में।
तजी प्यारी पत्नी उस समय था मैं अति दुखी
न देखा जाता था चरण तल से रक्त बहता ||40||

बडी ही प्यारी है कमल दल सी कोमल प्रिया
मुझे प्राणों से भी प्रिय समझती है वह सदा।
उसे छोडा मैंने घन विपिन में हाय! तब क्यों?
यही चिन्ता खाती निशि दिवस है मित्र! मुझको ||41||

कहीं मेरा भारी विरह सह पाये यदि नहीं
करे हत्या ही जो विवस मन के ही वश पड़ी।
वने व्यादों से बचकर यदा लौट सकती
तदा छूटे कैसे घन विपिन व्याघ्रादि भय से ||42||

वहां अन्यायी भी बहु विपिन में घूम फिरते
मिले कोई कैसे बचकर रहे हाय! अबला।
किया सत्यानाशी सचमुच बड़ा कर्म यह है
यही चिन्ता खाती निशिदिन मुझे मित्रवर है ||43||

यही मेरी गाथा सुनकर कहा जीवल तदा
नहीं पुण्यात्मा को फल अशुभ होता तनिक भी।
भले ही देरी हो पर शुभ कभी नेश्ट जग में
नहीं होता भाई तुम हृदय को शान्त कर दो ||44||

तभी तो होता है परिचय जनों की सुधृति का
सुना होगा ऐसा गरम करते स्वर्ण सब ही।
परीक्षा होती है सुगुण युत होते जगत जो
भले होते हैं जो विपत पड़ती सत्य उनको ||45||

कहा ऐसी ही जीवल मम कथा क्या कुछ कहुं
हुए थे राजा शान्त हृदय तदा भाव अति थे।
स्व चिन्ता में डूबे फिर तब हुए भाव पर थे
न जाने कैसी हो भ्रमित दमयन्ती सुसरला ||46||

सदा विश्वस्ता हो अमित दमयन्ती तब रही
स्वयं से भी माना अधिक उसने है जगत में।
उसे ही छोड़ा सज्जन जन तजें दुश्कृत यथा
कुकर्मो को ओढ़ा निज प्रियतमा त्याग कर दी ||47||

मुझे भारी बेचैन सतत यही भाव करते
न सोने मैं पाता सुख कलपता देख निज को।
न आंखों में आंसू हृदय नित उद्दीप्त रहता
बना हाहाकारी जगति मुझ सा कौन जलता ||48||

पढा मैनें भी है शुभ अशुभ होता जग नहीं
पर मैनें भी तो कब शुभ किया द्यूत रत हो।
प्रजा कैसी होगी विकलित कभी भाव उठते
सभी को तो मैंने बस दुख दिया सौख्य कब है ||49||

नशा लेते हैं जो विचलित रहें भाव उनके
बड़ाई का भारी मुझ पर रहा दुष्प्रभ नशा।
नशे में ही मैंने अमिततर दुष्कृत करके
शुभेच्छु जो भी थे दुख बहु दिया हाय! सबको ||50||

बना मैं विश्वासी यदि प्रभु कृपा का फल मिले
कहीं भी होगी ही जगति दमयन्ती प्रियतमा।
कभी तो पाउंगा निज हृदय की शान्ति तब तो
इसी आशा से जीवन चल रहा मृत्यु सम है ||51||

किया तो मैंने है असत् बस हा! द्यूत रचना
रहा बाकी हूं सब तरह से स्वच्छ मन से।
इसी से ही मेरा पतन जिस भारी गति हुआ
नहीं ऐसा देखा स्खलन जग में और जन का ||52||

सभी बातों की थी समझ मन में शान्त नर था
न स्वप्ने भी आया हृदय दमयन्ती तज रहूं।
बिना प्राणाधिक्या जगतितल अस्तित्व अपना
न सोचा था होगा विरल रहता जीवन कभी ||53||

तजे छोटे छोटे सरल मति के बालक वहां
नहीं जागा ऐसे समय तब वात्सल्य उनका।
यदा होती मेरी मति ऋजु तदा क्या तज उन्हें
भला कैसे होता जड़ सम स्व वात्सल्य तज के ||54||

सदा भोली सी सूरत स्मृति पथारूढ़ बन के
भली प्यारों की आकृति नयन आ व्याकुल करें।
रहूं सोचूं डूबा निजकर सभी नाश करके
भला आने वाले समय अब कैसे सुख मिले ||55||

कभी होता कैसे हृदय अति संत्रस्त दुख से
कलेजा ही मेरा फट कर हुआ दीर्ण अब तो।
किया ऐसा क्या था अमित मुझको दण्ड मिला
हुआ जाता क्षोभी अतुलित व्यथा भार सह के ||56||

रहा हूं ऐसा ही सरल मति का मानव कभी
न औरों को मैनें निजपद तथा रूप धन से।
कभी भी सोचा भी यह न स्मृति में ही सच रहा
न राजा होने का तनिकतर भी भाव तब था ||57||

नहीं धोए मैनें करचरण आलस्य बस हो
बड़ी जल्दी में था उदर भरने हेतु तब मैं।
यही तो होता है तनिकतर भूलें जगति में
कहां ले जाती है सरल नर को बुद्धि पथ से ||58||

नहीं कोई भी तो गमन करता निंद्य पथ से
यही जो भूला मैं कलि तब घुसा देख मुझको।
बना स्वार्थी भारी सचमुच यही है कलि कृपा
कि सत्यानाशी ही मनसि भरता स्वार्थ सुख में ||59||

भरे भावों वाले सतत नल हा! थे तब वहां
तदा आया कोई भ्रमण करता विप्र कहता।
अरण्ये विश्वस्ता तजकर यदा जो प्रियतमा
गया कोई न्यायी तब वह कहो! न्याय पथ था ||60||

समस्या है मेरी इस कथन में आप सुन लें
करे कोई भी जो हल सरलता से यदि यहां।
तदा देना प्रत्युत्तर तब मुझे भाव करके
बनूंगा आभारी सचमुच तदा जानकर मैं ||61||

पति हास सती दुखिता अति थी
अनिमंत्रित ही पितु पास गई।
अनलाकुल से लख त्रस्त सती
नहीं दाक्ष्य विनाश किया प्रभु ने ||62||

समस्या ही सारी सदसि रख दी पत्र पढ़ के
सभागारे पूर्णाद जब दमयन्ती लिखित थी।
न कोई भी प्रत्युत्तर तब वहां गूढ़तर का
किसी को भी सूझा जब न तब मौनी बन रहे ||63||

हुआ जैसे पर्णाद त्रसित् सभागार तज के
तदा था द्वारे बाहुल जब खड़ा मार्ग पकड़े।
सुनो मेरी भी सूक्ति सदसि पढ़ा पत्र तुमने
किया होगा ऐसा उस पुरुष ने क्या समझ के ||64||

रहीं होगी कोई कठिनतर ही तो तब दशा
तभी ही भूला कर्तव्य पथ तज के और निजता।
नहीं चित्ते चिन्ता उस समय ऐसी तब हुई
कि होगी ऐसे में जगति उपाहास्यास्पद दशा ||65||

सदा देखे जाते पुरुष जन स्वार्थी जगत में
सुनारी की आस्था पुरुष समझा ही कब यहां।
अयोध्या स्वामी ने जनक दुहिता त्याग कर भी
किया सीता माता हृदय तब भी नीरस नहीं ||66||

स्त्रियां होती ऊँचा मन तन लिए स्वार्थ तज के
बने भारी दीना तदपि पति को ही प्रियतमा।
असारे संसारे यशमय सुनी हैं सुगृहिणी
सदा कष्टों को सहन कर भी मर्यादित रहे ||67||

तभी तो नारी को धरणी कहते वृद्ध जन हैं
सभी जीवों के हित जगति में अर्पित रहे।
अहंकारी होता पुरुष पछताता जब कभी
न जाने क्यों ऐसा कलुषित स्वभावी बन गया ||68||

कहीं देखी होगी पतित यदि कर्तव्य पथ से
यही देखा भाई त्रसित जन की है प्रतिक्रिया।
जहां नारी के साथ अतितर अन्याय करते
वहीं संतप्ता हो धरणि सम ज्वालमुख बने ||69||

सदा सामान्ये तो दलित रहती कष्ट सहतीं
नहीं देखी कोई पति त्रसित कर्तव्य तजती।
यहाँ आर्यावर्ते नयनपथ गामी श्रवण भी
न कोई भी ऐसी अब तक हुई है प्रहसिता ||70||

सुजन्मा नारी तो निज कुल तथा भ्रातृ कुल की
सुरक्षा को त्यागी बन बहुत ही कष्ट सहती
भले ही प्राणों की बलि चढ़ चले नाश तन हो
परं होती देखी नहिं जग अमर्यादित कहीं ||71||

बनी हो संतप्ता पर न निजता त्याग करती
भले ही हो दीना पर दुःखित का ध्यान धरती।
किया कैसा भी हो सहन करती कष्ट पर का
तभी तो सारे ही जगति कहते शक्ति उसको ||72||

यही मेरा प्रत्युतर जब कहोगे तुम उसे
स्वयं ही जानेगी मम कथन का अर्थ तब तो।
तदा भी होगा ही यह कथन क्या सार्थक भला
नहीं जाने जाते पर हृदय के भाव जग में ||73||

तदा होके चिन्तातुर सरल पर्णाद घर को
चला जाके सारा कथन दमयन्ती हित कहा।
पुनः सोचा बोली निज जनक की बात सुनके
कहो जाके राजा अवध पति को विप्रवर यों ||74||

पुनः होगा भैमी वरण कल प्रातः सदसि ही
यदा चाहें जाना झटपट बनो तत्पर अभी।
कहा राजा ने बाहुक कल यदा भीम नगरे
मुझे ले जाओ तो रथ वह परीक्षा सफल हो ||75||

कहा भारी ही वाहुक मन बनाके नृपति को
वृता होगी कैसे सचमुच स्ववृत्या भगवती।
तदा जाना चाहें वरण हित भैमी सहज ही
वहाँ ले जाऊँगा दिवस भर में भीमपुर को ||76||

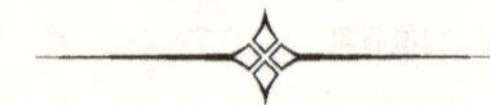

एकादश सर्ग

मिथ्या स्वयम्बर में ऋतुपर्ण

सुना जाना राजा नल कि अब भैमी वरण को
बुलाए राजा है जगत भर के भीमपुर में।
न विश्वासी होता मन कि दमयन्ती हृदय से
वृता होने को यों सरल मन से तत्पर बनें ||1||

पुनः सोची होके हृदय यह भी भाव भरता
अरण्ये एकाकी तजकर हुए लुप्त तुम थे।
न जाने क्या बीती बिहड़ वन में थी जब पड़ी
घृणा होगी चित्ते अब इसलिए है वर रही ||2||

तथा ऐसा भी हो गहनतर हो भाव मन में
करे ऐसी बातें मन दलित हो पागल यथा।
सुनारी संसारे वरण करती है मरण को
वृता हो के नारी जगति वरती है कब पुनः ||3||

यदा होती स्वार्थी तब प्रथम ही पीहर लिए
कहा था मैनें भी तब न पहले प्रस्तुत हुई।
वने भी पूछा था बहुत समझाया दुःख दशा
स्वयं देखी तो भी गृह गमन को तत्पर न थी ||4||

किया था मैनें भी मन वन विहारी उस दशा
दशा देखी जाती तब न दमयन्ती त्रसित की।
तदा ही होना था अनलमय कर्कोटक लिए
पुकारा भागा था नल न तब था हा! नल रहा ||5||

बड़ा ही संकोची बनकर गया था जब वहाँ
उसे देखूँ होगी अब वह वहीं कौन गति में।
न पाया ढूँढ़ा भी अधिक अपना रूप लख के
न खोजा विश्वासी मन प्रभु कृपा छोड़ उसको ||6||

परीक्षा कैसी है प्रभुवर मैं न जान सकता
रहा हूँ विश्वासी अतुल दमयन्ती हित सदा।
न स्वप्ने भी सोचा तज प्रियतमा मैं रह सकूँ
रहा आशा में हूँ जब तब मिलेगी प्रियतमा ||7||

स्वयं भी तो माने प्रिय कब अकेले रह सकें
तथा क्लेशाशक्ता मुझ दुःखित को देख रहती।
यदा होती स्वल्पा मन तन व्यथा भी जब मुझे
नहीं देखी मैनें तब सरल सामान्य रहती ||8||

बिहारी संसारे तन मन यथा अर्पित रही
न स्वप्ने भी होगी पर हित कभी ध्यान धरती।
न अन्याशक्ता थी मनसि तक भैमी त्रसित हो
यही तो मेरा था अनुभव यदा साथ वह थी ||9||

कहो कैसे आए मन वरण के भाव अब हैं
इसी का ही तो निर्णय न अब होता मनसि है।
दिया देवों का भी वरण जिसने त्याग सुख से
उसे क्या सूझा है अब वरण के हेतु कहती ||10||

सुनी दैत्यों में थी फिर वरण की है यह प्रथा
नहीं आर्यों में थी सब तरह थे निश्चितमना।
किसी ने भी ऐसा नियम अपनाया कब कहां
तभी ही माने उत्तम भरत वंशी जगत में ||11||

विशेषावस्था में जब दलित होती पुरूष से
असामान्या नारी तदपि वन चट्टान रहती।
न भीता ही होती अतुल बन के शक्ति तब तो
करे कर्तव्यों के हित तब सदा प्रेरित वहाँ ||12||

लगे थे तैयारी पर रथ किया सज्जित यदा
तदा सोचों में भी हर तरफ से विस्मृत यथा।
हुए जाते ऐसे अवधपति भी प्रस्तुत तथा
कि जाना है जल्दी कल तक हमें भीमनगरे ||13||

गया राजाज्ञा से पवनगति घोड़े तब लिए
रथारुढ़ी हो के गमनरत वे भीमपुर को।
बड़ी ही तेजी से घरर करता जो रथ चला
लगे मेघों पीछे गमन करता तारक यथा ||14||

वहाँ राजा वार्ष्णेय सहित हुए विस्मित तदा
यदा आकाशे ही रथ उड़ रहा था लग रहा।
यथा विद्युत ज्योति गगन पथ में मेघ सम हों
तथा मेघों की सी कड़क तब होती रथ गति ||15||

कदा पूर्वे वार्ष्णेय नल सह किया कार्य रथ का
हुई थी हैरानी नल नृप यथा कौन यह है?
नही है आकृत्या नल सम गुणों में लग रहा
पड़ा था सोचों में बाहुक हित कहा भूपति तदा ||16||

वहेड़े के पोधे पर यदि गिनोगे फल अभी
गिरी शाखा जो है उस पर सहस्राधिक नवे।
मिलेगें रोका था रथ नल गिने पूर्ण तब थे
कहा राजा द्यूते गणित गणना में निपुण हूँ ||17||

तदा बोला था बाहुक यह सिखाओ गुण मुझे
सिखाऊँगा मैं अश्वरथ गमने जो विधि मुझे।
भली आती वैसी सब कुछ सिखाई नृपति को
स्वयं भी सीखा द्यूत व गणित का सार नृप से ||18||

यदा सीखी राजा नल सहज ही द्यूत रचना
हुआ था वैसे ही प्रकट कलि भी बाहुक तजा।
हुए क्रोधी देखा था जब कलि हुआ था प्रकट यों
क्षमार्थी ही तो था कलियुग तदा क्षोभ तज के ||19||

कहा भारी क्षोभी बन नल तदा था कलि सुनो
बिना ही दोषों के दुःखित तुमने है बहु किया।
उठाया हाथों में कलियुग लिए शाप जल था
तदा कांपा था दीन बन चरणों में वह पड़ा ||20||

क्षमा प्रार्थी हूँ मैं प्रथम दमयन्ती दमित हूँ
सती का शापी हो अहनिश जला मैं नृपति हूँ।
पुनः देंगे जो शाप तब जग द्वारा दलित हो
कहो कैसे होगा मम भरण जो शाप अब दें ||21||

रहा कष्टों में हूँ सतत दमयन्ती त्रसित हो
तथा ज्वाला कर्कोटक विष रही है तन जली।
सुखी होके मैने तब तन किया वास कब है
करो रक्षा मेरी शरण अब लेता दमित हूँ ||22||

करेगा जो कोई तब सुगुण गाथा जगति में
रहेगा उद्योगी तन मन निरालस्य बन के।
उसे होगा आशीष मम रक्षा सुख मिले
करूँगा कष्टों में मदद नित जो हो प्रिय तुम्हें ||23||

दया आई राजा नल तज दिया शाप जल था
यही तो होता है महत जन का गौरव सदा।
दिया था क्रोधी हो दुःख नल लिए था कलि बड़ा
क्षमार्थी को होते सरल जन हैं सज्जन सदा ||24||

बहेड़े के पौधे पर तब हुआ लुप्त कलि था
तभी तो माने हैं सब जन उसे निन्दित सदा।
न दोनों की बातें उस समय वार्ष्णेय नृप ने
सुनी जाना भी था कुछ न नल थे पूर्ण सुख में ||25||

बने चिन्ता से मुक्त नल तब ऐसे चल पड़े
बड़ी ही तेजी से रथ सहित वे भीमपुर को।
गए जैसे ही वे नगर पथ के पास पहुँचे
तदा वैसी ही थी कड़क दमयन्ती सुन पड़ी ||26||

वही मानो आई ध्वनि नल कभी स्पंदन सुनी
प्रसन्ना थी ऐसी नल नृपति ही आज पहुँचे।
विचित्रा भूली सी क्षणिक दमयन्ती तब हुई
मिला हो संसारे अतुलित सुखों का धन यथा ||27||

न स्वप्नावस्था भी पर पुरुष का चिन्तन किया
सदा ही स्वामी के गुण गण रही तृप्त जग में।
यदा मैनें नारी यम नियम हैं साधित किए
तदा हों स्वामी के सुलभ मुझको दर्शन यहां ||28||

बड़ी ही दुःखार्ता तब विलपती सौध चढ़के
लगाई थी जो दृष्टि रथ पर वार्ष्णेय उतरा।
अयोध्या राजा भी उतर रथ से भीम नृप के
हुए गाढ़ालिंगी कुशल तब पूछी नृपति की ||29||

रथारूढ़ी देखे पर नल न देखा उतरता
निराशा में डूबी तब मनसि यों सोच करती।
अहो! होगा क्या बाहुक रथ विधौ भी नल यथा
छिपा होगा राजा नल कि बन के बाहुक यहां ||30||

हुई चिन्तारूढ़ा हृदय द्विविधा भाव करती
अयोध्या में ही बाहुक तब दिया उत्तर भला।
परीक्षा द्वारा ही अवगत करूंगी नल लिए
बना विश्वासी सा मन कि नल ही भूप यह है ||31||

गई केशिनी भी परीक्षा लिए थी
वहीं अश्वशाला दुःखी भूप देखे।
यही भाव भी चित में आ रहे थे
वृता हाय! भैमी पुनः हो रही क्या ||32||

सतत चिन्तन शील बने हुए
न नल को अपना कुछ ज्ञान था।
नयन थे बरसे जिमि मेघ हों
अहह! शापित से जड़ बने ||33||

भ्रमण हेतु गया तब बाग में
सरसि तैर रहा प्रिय हंस था।
वह अलौकिक रूप प्रभा भरा
हृदय में निज स्थान बना गया ||34||

पकड़ के उसको प्रिय हेतु ही
कि बसता चिरकाल यही रहे।
जब विलाप किय वरटा लिए
तज दिया तब था निज हाथ से ॥35॥

बन प्रसन्न तदा उसने कहा
सुन नरेश विशेष गुणान्विता।
दम स्वसा सम विश्व न और है
कमल कोमल सी विधि निर्मिता ॥36॥

गुण स्वरूप विशेष दयालु भी
नल अशेष मनुष्य विशेष हो।
दम स्वसा मन में तब हेतु है
अमित स्नेह प्रभाव भरा हुआ ॥37॥

जगति मेल अनन्य बने यदा
अतुलनीय रहे बहुकाल को।
शिव सती सम मानव वर्ग में
विनयशील न अन्य कही मिले ॥38॥

दिवस था वह भी जब था सुना
दम स्वसा अति रूप गुणान्विता।
हृदय में अति स्नेहिल भाव ले
मगन है रहती नल के लिए ॥39॥

यह कहा जब हंस कि भूप जो
निषध का नल मानव श्रेष्ठ है।
अमित व्याकुल हो रहती तदा
दिवस यापन है करती वहां ॥40॥

बहुत शीघ्र स्वयम्बर हो रहा
वरण भी निषधाधिप का करे।
सुन लिया उसने गुण रूप में
जगत में वह भूप अन्य है ॥41॥

इस प्रकार हुआ मन में तदा
दम स्वसा हित जागृत स्नेह था।
दिवस तो कटते नृप कर्म में
निशि विदग्ध सदा करती तदा ॥42॥

नयन कल्पित रूप विशेष ही
तरट ने जब चिन्तित था किया।
चपल हो चपला सम ही तदा
सतत ही करता मन दग्ध था ॥43॥

हृदय में प्रिय भाव विशेष था
लहर सी उठती प्रणयान्विता।
गुदगुदी तन में मन मग्न हो
अति विचित्र दशा रहता तदा ॥44॥

मगन था रहता तब ध्यान में
जबकि कल्पित मूर्ति यदा कदा।
उभरती कमनीय स्वरूप में
सतत विस्मृत हो रहता तदा ॥45॥

रहसि सुन्दरता परिकल्पिता
दम स्वसा हित मैं करता रहा।
दिवस यापन सा करता हुआ
विकल चंचल चित्त लिए हुए ॥46॥

इस दशा नित दग्ध वियोग से
कर रहा सबही व्यवहार था।
जब स्वयम्बर का मुझको मिला
प्रिय निमंत्रण प्राप्त प्रसन्न था ॥47॥

चल पड़ा जब कुण्डलिनीपुरम्
प्रति विशेष समुत्सुक हो यदा।
पथ मिला तब देव समाज था
वर वहां अभिवादन से मिला ॥48॥

पर कहा तब देव समाज ने
लख मुझे अति आदर भाव से।
किधर को नल भूप चलेsधुना
तब कहा कि स्वयम्बर के लिए ॥49॥

मम परीक्षण हेतु तदैव ही
सरल सा बन वासव ने कहा।
तुम अभी यदि देव समाज के
हित बनो प्रिय दूत तदा कहो ||50||

दम स्वसा हमको वर ले यहां
वरुण वासव वा धन देव को।
यह कहो उससे तुम जा अभी
अति प्रसन्न करें वरदान से ||51||

सुर कृपा सहसैव अदृश्य हो
सहज सौध प्रविष्ट हुआ तदा।
दम स्वसा लख सौम्य स्वरूप में
बन गया क्षण स्तम्भित था वहां ||52||

कमल रक्तिम सौरभ युक्त ही
नयन आनन्द पाद करान्विता।
रच अलौकिक एक सुपुष्प ही
विकच शोभित सी प्रमदा वहां ||53||

प्रणय उन्मुख सात्विक भाव ही
सरल जीवन सत्व विशेष है।
हृदय में पशुता न कभी रही
अति अलौकिक स्नेह भरा मिला ||54||

स्मरण में वह दीप्त छटा सदा
नयन विद्युत ज्योति सटीक है।
अति मनोरम मोहक पुष्प सी
प्रकृति रूप बनी खिलती रहे ॥55॥

हुई जागृति भी तदा भाव भूले
हुई स्वस्थता भी यथा तार्किकों की।
यहां तो नहीं दीखता स्वल्प भी तो
कहीं भी कि भैमी वृता हो रही है ॥56॥

न सम्भार कोई कहीं दीखता है
नहीं भूप भी अन्य कोई कहीं है।
नहीं मानता चित्त भी भीम पुत्री
वरेगी पुनः आर्य भावा किसी को ॥57॥

तभी केशिनी भी हुई थी प्रविष्टा
लगी पूछने अन्य उद्देश्य ले के।
अयोध्याधिपा ये कहां जा रहे हैं
यहां है पधारे लिए भावना क्या ॥58॥

कहीं क्या मिले नैषधाधीष भी हैं
तथा अन्य भी जानते अन्य कोई।
सुनाया तदा केशिनी को यही था
नहीं जानते भूप वार्ष्णेय ही हैं ॥59॥

जगत के नर हैं नल भूप को
रह रहे अति गुप्त न जानते।
सुर तथा प्रभु छोड़ कहां छिपे
वन अदृश्य नहीं पहचानते ||60||

बारहवां सर्ग

मिलन

नल ने जब कारण स्पष्ट किया
तब बोल पड़ी वह दूत बनी।
वन में वह त्याग गया अपनी
प्रिय को अपराध बिना दुःख सा ||1||

एकाकिनी पूर्ण समर्पिता रही
अरण्य में छोड़ गये असत्य ज्यों।
कहां गई मानवता तदा रही
हुआ कहां लुप्त अगाध प्यार भी ||2||

जगति कातर हो यह सर्वदा
विवस मानव मानवता तजे।
कह रहे इतिहास पुराण हैं
तदपि शोभन कर्म न मानते ||3||

यदि न शोभन कर्म तदा किया
किसलिए उपहास्य हुए भला।
न वन में वह क्लेशमयी रही
मन समर्पित थी प्रिय के लिए ||4||

पुरुष होकर भी पुरुषार्थ को
तज किया वह कातर कृत्य क्यों।
विपिन में निज प्राण प्रिया लिए
ऋषि न सौख्य लिए रहते वहां ॥5॥

ज्वलन से जलते जब चित्त में
कलित भाव सदा बलते रहें।
जल गये जब कोमल भाव हों
सुघर धी बच पा सकती कहां ॥6॥

जबकि राम समान प्रबुद्ध भी
प्रबल भाग्य प्रहार विदीर्ण हो।
तज विवेक यथा जनकात्मजा
निज सुबुद्धि न हाय ! बचा सके ॥7॥

पुरुष   स्वार्थ विशेष भरा हुआ
अशुभ कृत्य भले रत हो रहे।
पर न कोमल चित्त सुनारियां
हृदय से पति हेतु अशिष्ट हों ॥8॥

इसलिए कहता नल ने यदा
तज किया वन में बहु पाप है।
पर भला अब भीम सुता पुनः
वरण जो करती वह श्रेष्ठ क्या ॥9॥

यह कहा जब बाहुक ने वहां
हृदय भावुक नेत्र भरे हुए।
अधिक क्या कहते भर कण्ठ वे
दलित से अति रोदन व्यस्त थे ||10||

यह दशा तब देख गई त्वरा
सब कथा फिर भीम सुता कही।
रुदन व्यस्त हुए, नल की कथा
सुन, तथा फिर बाहुक की कही ||11||

जल बिना वर अग्नि बिना सभी
अशन कृत्य करें सब हैं वहां।
जगत के सब कर्म पवित्र हैं
नर चरित्र न बाहुक में मिलें ||12||

लख रही नल के वह कृत्य थी
ज्वलन सेवक सा, रस मित्र से।
रवि प्रभा बन पाचक थी वहां
अनल के सब कृत्य हुए तदा ||13||

वरुण भी जल दान लिए खड़े
भर गये सब रिक्त वहां घड़े।
सरसता उस भोजन की लगे,
रस हुए जिमि रूप धरे खड़े ||14||

कुछ सुपक्व गुदा फल का लिया
जब दिया वह भीम सुता लिए।
चख उसे सुनके तब बात भी
बन सुनिश्चित सी नल के लिए ||15||

सुत सुता कर साथ पुनः गई
नल समीप यदा वह केशिनी।
रुदन बाहुक का थमता न था
भर दिए तब अंक सुचाव से ||16||

वह दशा नल की वचनीय क्या
अनुभवी जन जान सकें सदा।
बिछड़ के मिलते फिर अंक में
धर दशा नर की बनती यथा ||17||

हृदय भाव भरा जल अक्षिणी
मन बना जब बेबस स्नेह से।
बहुत काल अनन्तर अंक में
भर हुई तब भावुक भावना ||18||

अमित भावुक चित्त विचित्र था
तन दशा मन के बस में न थी।
वह रहा तन स्नेह अगाध था
सरस बाहुक भाव विभोर थे ||19||

हृदय से लिपटे कर कण्ठ में
शिरसि चुम्बन वे रुकते न थे।
उस दशा वह भूल गये यथा
न नल मैं पर बाहुक हूँ यहां ||20||

नयन थे बरसें नद रूप में
तन तदा अति कम्पित हो रहा।
वचन भी प्रिय वत्सल भाव के
पकड़ न कण्ठ बाहर आ रहे ||21||

अति विचित्र दशा नल की बनी
मिल रहा सुख था धर अंक में।
पर अभी जननी इनकी कदा
निज समीप बुलाकर ले चले ||22||

यह सखी बन दूत खड़ी यहां
समझ ले यदि पागल ही मुझे।
कि पर के सुत अंक लिए यह
नयन अश्रु प्रवाह करे वृथा ||23||

समझ ले मन में नल के लिए
घृणित बाहुक भाव जगे अभी।
कि तज के प्रिय बालक बालिका
सुख भरा जग जीवन जी रहा ||24||

प्रथम द्यूत क्रिया मन दास हो
विरत होकर शास्त्र विधान से।
तज किया जग बीच अकर्म है
तब तजी स्व प्रिया बन निर्दयी ||25||

सतत ही तुम आ कर केशिनी
जगत का मन शंकित क्यों करे।
सरल बालक है मुझ दीन के
सदृश ही लख अश्रु गिरे मुझे ||26||

अधिक आकर के जग चित्त में
अतिथि हेतु वृथा मन भाव हो।
तुम यहां पर आ मुझ से मिलो
अति कुतर्कित भाव न हों कहीं ||27||

इसलिए कहता फिर से यहां
पर न आ अब तो मुझ से मिलो।
दिवस दो रह के चलना हमें
फिर वृथा प्रिय या कटु क्यों बने ||28||

तब गई सह बालक केशिनी
महल में सब पूर्ण कथा कही।
अमित भावुक वाहुक है बना
धर स्व अंक वहां प्रिय बाल है ||29||

दम स्वसा कहती सुन केशिनी
कह रहा मन यों नल है यही।
जनक व जननी अब पूछ के
महल में अब बाहुक को बुला ||30||

प्रथम बाहुक सौध विराज के
दम स्वसा जब दर्शन हो गए।
वन रही दयनीय निराश सी
रस निकाल यथा फल हो पड़ा ||31||

प्रियतमा विरहाकुल दीखती
सुमन सूख गया लगती तथा।
सरसता अब जीवन में न थी
कमल कोमलता मलिना हुई ||32||

नयन भी टिकते मुख देखते
नमित लज्जित हो मिलते न थे।
बरसते तब सावन मेघ से
अहह! धूमिल सा तन देखते ||33||

कमल सा खिलता प्रिय रूप था
वसन रम्य प्रसाधन सौम्य था।
विकच जो खिलता प्रिय पुष्प था
अब अकाल वही अति म्लान था ||34||

सतत ही दुःख है सहती रही
गम व्यथामय हो रहती रही।
तज सभी महिषी रहती प्रभा
अवचनीय सहे कुप्रहार हैं ||35||

प्रियतमा निज रूप स्वरूप था
तब कलंक विहीन सुचंद्र सा।
घन रहे पतले जब व्योम में
सरस रूप लगे धुंधुला तथा ||36||

जगति विश्रुत जो गुण रूप में
अमर मानव अश्रुत पूर्व थी।
विगत वैभव सौध समान हो
लग रही अब द्वादश चन्द्र सी ||37||

बन गई दयनीय दशा महा
प्रिय यहां अति क्लेशित जी रही।
फल गये मम कुत्सित कर्म हैं
कलि प्रभाव हुआ निज हाथ से ||38||

दम स्वसा तब बाहुक को कहा
जगत में नल भूप कहीं मिले।
अटवि में तज के बन निर्दयी
वसन अर्द्ध प्रसुप्त विदग्ध को ||39||

जगत सम्मुख मानव देव के
जब स्वयम्बर मण्डप बीच में।
बन प्रतिज्ञित होकर था गहा
कर वही तज के फिर क्यों गये ||40||

सरल सत्य वही तब क्यों तजा
जबकि थे वह भारत वर्ष में।
दृढ़ प्रतिज्ञ विशिष्ट स्वभाव के
अति प्रसिद्ध स्वमानववाद में ||41||

करुण मूर्ति प्रिया निज देख के
मन व्यवस्थित हो न रहे वहां।
तब कहा नल ने कलि ग्रस्त हो
मनसि मानव भाव रहे नहीं ||42||

लख दशा दयनीय बनी हुई
नयन से उमड़े दुःख अश्रु थे।
भर स्वकण्ठ कहा नल भूप ने
रह रहा परिवर्तित रूप में ||43||

पहन वस्त्र पुरातन था तभी
प्रकट हो नल बाहुक रूप में।
तब कहा अपराध किया बड़ा
अब क्षमा कर दो प्रिय भाव से ||44||

कलि सदा तब शाप विदग्ध हो
हृदय में नित वास किए रहा।
जब बना तप   निष्ठ श्रमी तभी
कलि बना असहाय तदा तजा ||45||

समझ लो अब कष्ट गये सभी
कलि प्रभाव विनष्ट हुआ जभी।
पर सती प्रमदा पति त्याग के
वरण है करती अब अन्य का ||46||

स्व स्वयम्बर भीम सुता पुनः
कर अनार्य यथा अब कर्म क्यों।
जग प्रहासमयी बनती हुई
निज स्वरूप विनष्ट करे स्वयं ||47||

अमित दुःखित हा जब से पड़ी
श्रवण द्वारे प्रिये यह बात है।
बन रहा सच ही भ्रम ग्रस्त क्या
मम प्रिया सम विश्व न और है ||48||

यह व्यथा सुन भीम सुता कहा
शपथ पूर्वक हूं कहती यहां।
वरण का यह नाटक जो रचा
प्रिय मिलें मुझको यह भाव था ||49||

बहुत ब्राह्मण भारत वर्ष में
सतत ढूँड न जान सके कहीं।
पर कभी जब बाहुक रूप में
प्रिय प्रत्युत्तर था कुछ यों दिया ||50||

मनसि संशय जाग गया तभी
जनक साथ भली कर मंत्रणा।
दिवस एक यहां प्रिय के बिना
न शत योजन ला सकता रथी ||51||

इसलिए तब विप्र सुदेव को
यह स्वयम्बर की कर घोषणा।
कि शत योजन तो नल भूप ही
बन रथी तब ही कल आ सके ||52||

समझती यह बात सदा रही
कि न अनार्य यथा मम धर्म है।
जब सदा निज धर्म अभीष्ठ था
प्रिय मिले तब ही यह सत्य है ||53||

तब कहा भर कण्ठ प्रसन्नता
झलकती मुख मण्डल से प्रभा।
अमित गदगद भाव भरी हुई
नल नरेश गले मिल चाव से ||54||

हृदय से लगती नल भूप के
अमित पुष्प गिरे तब व्योम से।
व्यथित के नल अश्रु गिरे वहां
कर रहे जिमि प्रेम विभोर थे ||55||

मनसि स्वप्न दशा पर भी कभी
प्रिय बिना यदि न अन्य भाव है।
मम पतिव्रत साक्ष्य करें तथा
प्रकट होकर देव अभी यहां ||56||

गगन में तब शंख ध्वनि हुई
सुमन वृष्टि तथा जयकार भी।
लख वहां नल भीम सुता तदा
अमित क्षोभित थे निज भाव से ||57||

नयन साश्रु भरे भरे कण्ठ भी
सतत भाव विभोर बने रहे।
व्यथित हो वह युग्म रहा वहां
बहुत काल रहे बन तृप्त थे ||58||

मिलन सौख्य मिला प्रिय युग्म को
न रसना वह वर्णन कर सके।
जलद स्नापित भूमि सुरम्यता
उदित धौत मयङ यथा लगे ||59||

मिलन की अनुभूति अनन्य जो
हृदय जान सके वह दीव्यता।
मिल सके न कहीं पर भी कभी
जगति शब्द प्रभाव दिखा सके ||60||

मिलन के उस पावन पर्व में
बह रही यमुना मिल गंग से।
सरस मानस गुप्त सरस्वती
मिल बना तब प्रेम प्रयाग था ||61||

तेरहवां सर्ग

राज्य प्राप्ति

रहे डूबे दोनों अमित सुख में काल बिसरे
मिला मानों जैसे रस रहित होती अवनि को।
सुखी आत्माओं का मिलन वह था यों लग रहा
मिली जाती आत्मा विलग परमात्मा सम यथा ||1||

मिली ऐसी ही तृप्ति तब उनको विस्मृत रहे
बहा जाता मानों तनमन सुखों का अमृत हो।
रहे भूले से थे जब सुख दशा बालक तदा
वहां आए दोनों जगति जिमि चैतन्य तब थे ||2||

गये दोनों ही थे नृपति महिषी सम्मुख तदा
तदा देखे दोनों सहित दमयन्ती नल वहां।
खिली दोनों के ही हृदय सुख की दीप्ति थी
सुखी देखी कन्या बहुत दिन के बाद अब थी ||3||

प्रणामी हो के भी नल न लखते नेत्र भर के
झुकी आंखों से ही अमित जिमि संताप युत थे।
चुराई सी आंखें निज हृदय का भार कहती
तथा लज्जा भी थी हृदय अपराधी भ्रम भरा ||4||

तथा राजा रानी त्रपित नल के जानकर के
कहा होनी द्वारा नर जगत में कष्ट सहता।
सदा ही संसारे सरल मन के मानव यहां
रहे हैं कष्टों में जबकि अपराधी कुछ न थे ||5||

तदा रानी भी तो नल नृपति को देख करके
हुई संत्रस्ता थी नयन जल आया दुःखित के।
कृपा थी आंखों में वचन जिमि जिह्ना जड़ हुए
दिया स्नेहाधिक्यम् सरल प्रिय जामृत वर को ||6||

रही भावाधीना कुछ समय भूली निज दशा
हुई सामान्या तो अति सुख भरी दीप्ति मुख थी।
सभी ने दुःखों की निज हृदय गाथ तब कही
बड़े ही हल्के वे अतुल दुःख के बाद अब थे ||7||

मनाया था राज्ये नल मिलन का उत्सव तदा
गृहे बाह्ये देवालय नगर में सौख्य बरसे।
विवाह जैसी थी सज धज भरी भीम नगरी
सजी थी ज्यादा ही अब रसमयी ही बन गई ||8||

न राजा रानी का सुख कथन में है बंध रहा
प्रजा भी राजा के सहित उमगी दीख पड़ती।
शयाने निस्तब्धा सम अब वही भीम नगरी
सुखी उल्लासी हो मुखर बनती आज जड़ भी ||9||

कई वर्षों पीछे नगर सुख से युक्त सजता
सभी लोगों का हृदय अब तो स्नेहमय था।
बड़े ही कष्टों को सहन करके आज सुख की
खिली ऐसी ही धूप कि हिम दशा भास्कर प्रभा ||10||

ऋतुपर्ण सुना जब बाहुक ही
नल रूप छिपा कर थे रहते।
अति सौख्य भरे नल से मिल के
सुख से कर कण्ठ धरे नल के ||11||

व्यवहार दशा यदि भूल कभी
मुझ से अथवा मम बान्धव से।
तब हेतु हुई प्रिय भूप कभी
प्रिय भाव समेत क्षमा करना ||12||

स्मृति देकर के रथ चालन की
विधि भी फट सीख चले घर को।
अति सौख्य भरे मन में तब थे
प्रिय कार्य किया नल के हित था ||13||

आज चारों दिशाएं सजी दीखती
सौख्य वृष्टि यथा हो गई वहां।
मानवों के सुखों की कहें बात क्या
वृक्ष भी झूमते जीव सान्नद हैं ||14||

हैं खिले पुष्प भी पक्षियों की भली
बोलियां गति की कामना पूरती।
आज तो राज्य का रूप ही भासता
निर्जरों की पुरी ही यथा भा गई ||15||

नृत्य होता कहीं गीत गाते कहीं
लोग आह्लाद संयुक्त ही दीखते।
वृद्ध व बालकों की दशा देख के
भासता है सभी यौवनारूढ़ हैं ||16||

बीत ऐसी खुशी में गया पक्ष ही
भूल मानों गये पूर्व के क्लेश को।
यों कहा भीम पुत्री तदा भूप को
क्या नहीं चित्त में राज्य की कामना ||17||

था कहा भूप ने हे प्रिये! शीघ्र ही
मैं अकेला वहां जा रहा हूं अभी।
द्यूत से राज्य को जीत के मैं पुन;
ले चलुंगा पुन; नैषधे आपको ||18||

भूप से प्रार्थना की अभी मैं चला
नैषधात् द्यूत में हार के था गया
भ्रात से राज्य को जो न दे शान्ति से
तो पुन; द्यूत का ही सहारा करुं ||19||

चाहता तो नहीं द्यूत क्रीड़ाधुना
क्योंकि कर्म तो त्यागने योग्य ही।
मान लेगा यदा स्नेह की साधना
अर्द्ध ही राज्य भी मान लूंगा तदा ||20||

भीम ने था कहा अक्ष क्रीड़ाधुना
विश्व के भूप भी त्याज्य मानें नहीं।
भ्रात जो यों न माने कही बात तो
द्यूत से राज्य को जीत लो शीघ्र ही ||21||

द्यूतक्रीड़ा भले ही शास्त्र में त्याज्य है
भूप तो भी सभी आज संलिप्त हैं।
या धनी हैं यहां जो कहीं दीखते
वे सभी सत्य ही द्यूत सम्बद्ध हैं ||22||

भौतिकाधार है जन्म प्रत्यक्ष तो
भोग संलिप्तता चित्त व्यापार है।
भोग को छोड़ क्या और है विश्व में
जानता कौन है स्वात्म के तत्व को ||23||

हैं मनीषी हुए विश्व में जो कहीं
मानता कौन है वृद्ध की बात को।
बोलते वृद्ध के हेतु तो लोग हैं
हाथ से छूटता मत्स्य का पुण्य सा ||24||

द्यूत भी मद्य भी मांस भी ग्राह्य है
स्वर्ग की कामना में यही भाव है।
जो करें विश्व में तपस्या कहीं
भोग ही तो तदा स्वर्ग आधार है ||25||

शक्र भी तो बने हैं तपाधार से
कल्प हैं भोगते स्वर्ग के भोग वे।
भावना यों सभी के मनो में बसी
क्यों न भोगें वही भोग विश्व में ||26||

भोग में लिप्त होते वही आज भी
जो न देखें सुखों को श्रमों में बसा।
वे रहें लिप्त अज्ञान में चित्त के
सत्य ही चित्त का धर्म तो कर्म है ||27||

भूप वा जो धनी हैं यहां दीखते
द्यूत मद्यादि में लिप्त वे सर्व हैं।
और सामान्य जो लोग हैं अन्य भी
वे बड़ाई इसी काम में मानते ||28||

भूप विद्वान हैं जो धनी दीखते
लीन हैं द्यूत मद्यादि में वे यहाँ
मान सम्मान भी वे यहां पा रहे
वे बड़ाई इसी काम से मानते ||29||

जन्म ले विश्व में कर्म जो भी करें
लिप्त हो कामना में रहें वे नहीं।
भोग भोगें सभी पद्मपत्राम्भसा
चित्त में वासना भोग को हो नहीं ||30||

हो रहे वक्र ही कार्य संसार में
इन्द्रियों के सुखों के लिए सर्व हैं।
द्यूत मद्यादि के साथ ही काम की
कामना में सभी हो रहे लिप्त हैं ||31||

दीखते आज भी हैं मनीषी कहीं
चाहते मानवी भाव हों विश्व में।
मानवों में रहे सत्य भी धर्म भी
न्याय आगार हों स्वार्थ से हीन हो ||32||

भाव ऐसे यदा मानवों में जगें
द्यूत मद्यादि का त्याग होगा तभी।
दासता इन्द्रियों की मिटेगी कभी
मुक्त होंगे तभी कर्म सम्बद्ध भी ||33||

पुर्व थी भव्य शिक्षा यहाँ ज्ञान की
आत्म कल्याण की स्वार्थ के त्याग की।
देवता भाव की आत्म विज्ञान की
मानवों के लिए सत्य सम्मान की ||34||

वे सभी सत्व भावी प्रभायुक्त थे
स्वार्थियों में रही दानवी ही प्रथा।
मानवों में रही त्याग की वैधता
मानवों दानवों में यही भेद है ||35||

आज शिक्षा यहाँ ज्ञान है दे रही
है नही हो रहा शोध भी साथ ही।
देखता मैं सभी शासकों को यहाँ
भोग में लीन हो स्वत्व खोते सभी ||36||

शासको में यदा त्याग होगा कभी
वे प्रजा रंजने दक्ष होंगे तभी।
द्यूत मद्यादि कामादि के ह्रास का
विश्व में मान सम्मान होगा तभी ||37||

भोग की कामना में सुशिक्षा नहीं
मूर्त होती वहाँ इन्द्रियों की छटा।
भूल जाता सभी ज्ञान विज्ञान भी
भोग ही दीखता सौख्य का धाम है ||38||

द्यूत मद्यादि में व्यस्त रहते वही
जो अनायास पाते सभी भोग हैं।
चित्त की व्यस्तता के लिए भी यहाँ
दीर्घ अभ्यास से दास होते तभी ||39||

द्यूत मद्यादि की तो सभी देखते
हानियाँ त्याग देते नहीं क्यों तदा।
क्योंकि जो चित्त के दास होते यहाँ
भूल जाते कि मैं कौन सा रूप हूँ ||40||

भूप के कोष में तो प्रजा वित्त है
और भी आज जो धान्य सम्भार है।
है प्रजा का सभी लोक कल्याण के
हेतु ही दान होगा प्रजा के लिए ||41||

भूप सम्मान का पात्र होता तभी
हां यदा जन्म का ध्येय ही हो प्रजा।
जो स्वयं भोगता है प्रजा कोष को
द्यूत मद्यादि का का वास होता वहीं ||42||

आज स्वार्थान्ध भी राज्य संचालने
मानते हैं स्वयं को बड़ा श्रेष्ट में।
योग संयुक्त या पुण्यशाली रहा
जो अनायास ही राज्य का सौख्य है ||43||

भोग आध्यात्म की शक्ति के ह्रास में
हैं सदा से रहे विश्व में साथ वे।
जीव भी नित्य माया वशीभूत हो
भूल जाता यहाँ सत्य कर्तव्य भी ||44||

द्यूत सम्बद्ध हो आपने कष्ट भी
राज्य को हार भोगे अनेकों यहाँ।
जान बैठे कि मेरी यही दीनता
अक्ष के त्याग में मार्ग देगी कभी ||45||

सत्व ऐसा कभी विश्व में जन्म ले
मानवों में जगाये भली भावना
त्याग की और विश्वात्म आधार की
अक्ष मद्यादि का त्याग होगा तभी ||46||

प्यार होगा तभी देश की भूमि से
आर्य सन्तान का श्रेष्ठ आदर्श से।
पूर्वजों की प्रतिष्ठा तथा ज्ञान से
देश होगा तभी विश्व में पूज्य भी ||47||

उच्च आदर्श हैं आर्य सन्तान के
स्वार्थ से हीन हो मान संयुक्त हों।
कर्म को भाग्य से श्रेष्ठ हों मानते
सत्य को ईश का रूप हों जानते ||48||

भाव ऐसे भरो जा प्रजा वर्ग में
और आदर्श हों भूप के रूप में।
है प्रजा रंजन कर्म ही तो सदा
एक सेवा भरा भाव हो चित्त में ||49||

इसलिए कहता प्रिय भूप मैं
विजय अक्ष क्रिया करके वहां।
सपदि शासन भार स्वराज्य का
अब करो जन रंजन हेतु ही ||50||

मनसि अक्ष क्रिया हित है यदा
कि यह कर्म प्रजा दुःख हेतु है।
तब प्रचार यही निज कर्म से
कर कनों जग मान्य वदान्य ही ||51||

नल नरेश गये तब शीघ्र ही
निषध राज्य सभा नित भ्रात को।
यह कहा सुन पुष्कर राज्य है
विजय अक्ष क्रिया तुमने किया ||52||

निषध शासन अर्पण की क्रिया
कर सको यदि आदर भाव से।
समझ अग्रज का अधिकार है
तब समर्पित राज्य मुझे करो ||53||

अर्द्ध राज्य तब छोड़ प्रेम से
बांट शासन करें यदा कहो।
अर्द्ध राज्य यदि सौंपना नही
अक्ष हेतु तब सज्ज हो रहो ||54||

कहा पुष्कर ने तदा यही हो
है अक्ष क्रीड़ा हित भावना ही।
जो जीत ले राज्य वही सदा को
राज्याधिकारी बन के रहेगा ||55||

नल पुष्कर में फिर द्यूत हुआ
अब पुष्कर हार गया सब ही।
न बचा कुछ भी अति दीन दशा
लख पुष्कर की नल भूप कहा ||56||

प्रिय भ्राता न कर्म भला यह है
तुम पूर्ण सुखी बन राज्य बसो।
विधि घोषित हो यह नैषध में
न कहीं पर अब द्यूत क्रिया हो ||57||

बस द्यूत क्रिया अपराध यथा
मम राज्य न क्रीड़न हो सकता
अपराध करे यदि कोऽपि कहीं
तब दण्डित भूप करे उसको ||58||

|| समाप्त ||